NEGOCIAÇÃO ESTRATÉGICA

MARC BURBRIDGE

ESPECIALISTA EM GESTÃO DE CONFLITOS E
MEDIADOR DE NEGOCIAÇÕES DE ALTO VALOR

NEGOCIAÇÃO ESTRATÉGICA

COMO CONDUZIR E TER ÊXITO EM TRANSAÇÕES DE ALTO VALOR

ALTA BOOKS
GRUPO EDITORIAL
Rio de Janeiro, 2023

Negociação Estratégica

Copyright © 2023 STARLIN ALTA EDITORA E CONSULTORIA LTDA.

Copyright © 2023 Marc Burbridge.

ISBN: 978-85-508-2159-7

Impresso no Brasil — 1ª Edição, 2023 — Edição revisada conforme o Acordo Ortográfico da Língua Portuguesa de 2009.

Dados Internacionais de Catalogação na Publicação (CIP) de acordo com ISBD

B946n   Burbridge, Marc

    Negociação Estratégica: como conduzir e ter êxito em transações de alto valor / Marc Burbridge. - Rio de Janeiro : Alta Books, 2023.
    256 p. ; 15,7cm x 23cm.

    Inclui índice.
    ISBN: 978-85-508-2159-7

    1. Administração. 2. Negociação. 3. Negociação Estratégica. I. Título.

2023-2179

CDD 658.4052
CDU 65.012.4

Elaborado por Vagner Rodolfo da Silva - CRB-8/9410

Índice para catálogo sistemático:
1. Administração : Negociação 658.4052
2. Administração : Negociação 65.012.4

Todos os direitos estão reservados e protegidos por Lei. Nenhuma parte deste livro, sem autorização prévia por escrito da editora, poderá ser reproduzida ou transmitida. A violação dos Direitos Autorais é crime estabelecido na Lei nº 9.610/98 e com punição de acordo com o artigo 184 do Código Penal.

O conteúdo desta obra fora formulado exclusivamente pelo(s) autor(es).

Marcas Registradas: Todos os termos mencionados e reconhecidos como Marca Registrada e/ou Comercial são de responsabilidade de seus proprietários. A editora informa não estar associada a nenhum produto e/ou fornecedor apresentado no livro.

Material de apoio e erratas: Se parte integrante da obra e/ou por real necessidade, no site da editora o leitor encontrará os materiais de apoio (download), errata e/ou quaisquer outros conteúdos aplicáveis à obra. Acesse o site www.altabooks.com.br e procure pelo título do livro desejado para ter acesso ao conteúdo.

Suporte Técnico: A obra é comercializada na forma em que está, sem direito a suporte técnico ou orientação pessoal/exclusiva ao leitor.

A editora não se responsabiliza pela manutenção, atualização e idioma dos sites, programas, materiais complementares ou similares referidos pelos autores nesta obra.

Grupo Editorial Alta Books

Produção Editorial: Grupo Editorial Alta Books
Diretor Editorial: Anderson Vieira
Editor da Obra: Rosana Arruda
Vendas Governamentais: Cristiane Mutüs
Gerência Comercial: Claudio Lima
Gerência Marketing: Andréa Guatiello

Assistente Editorial: Ana Clara Tambasco
Revisão: Alessandro Thomé; Natália Pacheco
Diagramação: Joyce Matos
Capa: Beatriz Frohe

Rua Viúva Cláudio, 291 — Bairro Industrial do Jacaré
CEP: 20.970-031 — Rio de Janeiro (RJ)
Tels.: (21) 3278-8069 / 3278-8419
www.altabooks.com.br — altabooks@altabooks.com.br
Ouvidoria: ouvidoria@altabooks.com.br

Editora afiliada à:

Este livro é dedicado ao professor Wolfgang Schoeps, professor emérito da Fundação Getulio Vargas de 1970 a 2008, o homem que me ensinou a ensinar.

Sumário

INTRODUÇÃO 1

1. O PROBLEMA 5

    Somos Nós 6

    Quem É Você? 7

    Como Está Seu Autocontrole? 10

    Sete Hábitos para um Bom Diálogo 14

    Negociando com o Diabo 15

2. UMA SOLUÇÃO 21

    O que Eles Ensinam em Harvard 21

    Barganhando 23

    Limites de Barganha 25

    BATNA — Do Início ao Fim 26

    O Modelo de Harvard — Uma Visão Aplicável 28

    Os Sete Elementos da Negociação Integrativa 29

    Relacionamento e Comunicação *Efetiva* *31*

    O Círculo de Valor 35

    O Iceberg do "Por quê?" 35

    Hora da Decisão e da Ação Correta 38

3. GESTÃO DA LINHA DO TEMPO — 43

    Quando e Como Agir — 43

    Tempo *versus* Valor — 45

    A Dinâmica de Tempo *versus* Valor — 46

    Os Cinco Passos da Negociação Estratégica — 48

    O Processo Estratégico de Negociação — 49

    A Zona de Tensões — 53

    Gestão da Zona de Tensões — 54

    Conclusões sobre a Gestão da Linha do Tempo — 57

4. *EMPOWERMENT* DA LIDERANÇA — 59

    Alinhamento de Poder — 59

    O *Empowerment* do Negociador — 62

    Empowerment em uma Empresa Familiar — 63

    Negócio Fechado — O Problema Não — 66

    O Alinhamento do C-Level — 69

    Empowerment no Círculo C-Level — 73

    Empowerment da Liderança — 75

5. A PROPOSTA DE VALOR — 77

    Preparação para a Negociação Estratégica — 77

    O Time de Proposta de Valor — 79

    As Regras do Jogo para a Equipe — 84

    Uma Boa Ferramenta para a Proposta de Valor — 84

    O Ciclo de Proposta de Valor 5W2H2C — 85

    O Alinhamento entre "O quê?" e "Por quê?" — 87

    "Quem?", do Nosso Lado e do Lado Deles — 90

    O "Onde?" e o "Quando?" da Proposta de Valor — 91

SUMÁRIO

    O "Contexto" e a "Cultura" na Negociação Estratégica   94

    O Contexto de Negociação   95

    A Estratégia — O "Como?" e o "Quanto?"   99

6. GESTÃO DE DIÁLOGO   109

    Na Mesa de Negociação   109

    Gestão da Pré-Negociação   111

    A Linha do Tempo em Perspectiva   116

    O Processo e as Ferramentas   117

    CRIAR — A Busca por Valor   119

    NEGOCIAR — O *Diálogo* sobre o que Está na Mesa   126

    Cinco Regras da Negociação   132

    CONCLUIR — A Decisão Certa da Maneira Certa   138

    ADR Passo a Passo   145

    RECONSTRUIR — Um Investimento no Futuro   148

7. O TERCEIRO LADO   151

    Vencendo Impedimentos   151

    Meios Diversos para a Resolução de Diferenças   154

    Uma Visão do Terceiro Lado   158

    Evitando os Efeitos Negativos dos Conflitos   160

    O Terceiro Lado na Resolução de Impedimentos   166

    Mediação no Brasil   169

8. ALÉM DAS FRONTEIRAS   177

    Gestão de Oportunidades em Lugares Estranhos   177

    Lugares Estranhos   178

    Segurança   180

    Idioma — O Início e o Fim   180

Lidando com Terceiros	184
Gestão do Tempo Além das Fronteiras	185
Compliance e a Lei	189
Lidando com Valores Culturais	192

9. ALÉM DO HORIZONTE — 197

O que Há no Futuro	197
O Negócio Bilionário	199
Inovações Tecnológicas	202
Compliance Sustentável	207
A Próxima Revolução	210

10. DO QUE PRECISAMOS NOS LEMBRAR — 215

Quando Há Muito em Jogo	215
O Problema e Sua Resolução	216
Dois Pré-Requisitos para Negociar Bem Estrategicamente	218
Sobre como Se Preparar para Aquela Negociação	223
Na Mesa — O que Precisamos Lembrar	227
A Saída Inteligente de uma Boa Briga	231
Negociando com o Mundo lá Fora	233
Um Olhar para o Futuro	236

Índice — 239

AGRADECIMENTOS

O DESAFIO DE ESCREVER AGRADECIMENTOS PARA ESTE OU qualquer livro é saber onde começar e onde terminar.

Os inspiradores. Em primeiro lugar, gostaria de agradecer a dois fundadores do *Program on Negotiations* da Universidade de Harvard, Roger Fisher e William Ury, bem como ao professor Wolfgang Schoeps, a quem este livro é dedicado. O exemplo desses indivíduos foi fundamental em meu desenvolvimento como professor de comunicação, negociação e resolução de conflitos.

Colegas em estudos relevantes. Sou muito grato pela oportunidade de ter trabalhado com certas pessoas no estudo e com a criação e publicação de obras relevantes para este trabalho, começando por Alessandra Nascimento S. F. Mourão, Denise Manfredi, Jose Guilherme de Heráclito Lima e Sérgio de Freitas Costa, coautores de *Gestão de Negociação*, 2ª Edição, e Anna Burbridge, na obra *Gestão de Conflitos*. Agradeço ao Diógenes Lucca, ex-comandante do GATE, pela oportunidade de ter contribuído para o livro *O Negociador — Estratégias de Negociações para Situações Extremas* e pelo que ele me ensinou. Muito obrigado ao meu colega professor Jaci Correa Leite por ter me ajudado a construir o curso de Negociação Estratégica C-Level na Fundação Getulio Vargas. Por fim, meu profundo agradecimento à Dra. Fernanda Levy pelo seu insistente apoio em corrigir e ajustar o sétimo capítulo do livro referente *ao terceiro lado*. Ela é, sem dúvida, uma das top mediadoras deste país.

Apoiadores criativos. Preciso prestar o devido reconhecimento a certos indivíduos cuja contribuição foi fundamental para este livro se tornar uma realidade. Gostaria de agradecer ao advogado André F. Dib Jorge e à Sibila Cielo pelos seus esforços em corrigir meu português em diversos trechos do livro. Como é fácil notar, português não é minha língua materna.

Particular mérito é devido ao nosso artista Cesar Graumann por seu excepcional talento em criar figuras e ilustrar ideias e conceitos de forma consistente em todo o livro. Sem dúvida, uma imagem ou desenho bem feito vale mais do que mil palavras. Por fim, gostaria de agradecer a meu colega Arthur Cotrim por seu apoio em me ajudar a definir alguns dos casos usados no livro.

Apoiadores na vida. Gostaria de agradecer à minha esposa, Denise, e a outros membros de minha família, John e Anna Burbridge, bem como Aline, Daniel, Douglas e Sara, pelo seu apoio e sua tolerância durante a escrita deste livro. Vocês são muito importantes para mim.

INTRODUÇÃO

POR QUE EU ESCREVI ESTE LIVRO? PARA AJUDAR EXECUTIVOS, como eu já fui um dia, a enfrentar negociações que podem impactar suas carreiras e o futuro dos grupos que representam. A economia anda, e os desafios também. As negociações de M&A, de acordos de mercado, de aquisição e venda de ativos-chave para o sucesso, e até disputas entre sócios e familiares, tudo exige negociações que podem levar meses ou até mesmo anos para serem resolvidas. Exigem abordagens que vão além de conceitos básicos de negociação, de intuição ou *jogo de cintura*. Exigem estratégias bem planejadas e executadas que levam em consideração aspectos culturais, contextuais e, às vezes, relações familiares.

Na minha era como executivo, este livro não existia e fazia falta, bastante falta. Por outro lado, todos os erros que cometi e o que tenho observado de outros executivos serviram como uma rica fonte de exemplos para este livro. Já participei de mais de uma negociação bilionária e estudei técnicas de negociação, comunicação e resolução de conflitos em Harvard, Berkeley, Stanford e outras escolas de primeira linha. Fui coordenador do curso Negociação Estratégica C-Level, na

Fundação Getulio Vargas. No entanto, gostaria de deixar claro desde já que este livro não é uma obra acadêmica. Como você perceberá, é mais aparecido com uma conversa entre mim e você, alguém que preciso preparar para uma negociação do tipo que chamamos de estratégica. Escolhi esse estilo informal com a intenção de facilitar a absorção e aplicação das ideias contidas no livro. Espero que assim eu tenha tornado a leitura leve, interessante e relevante.

Todos nós negociamos. Negociamos desde que aprendemos a chorar. É muito provável que você já tenha participado de um workshop ou curso sobre a arte de negociar. Então, o que é a "negociação estratégica" como descrita neste livro e qual a diferença de outras formas de negociar? São dois fatores. O primeiro é o alto valor, um valor suficientemente alto que pode impactar a carreira do negociador e os resultados da organização que ela ou ele representa. O valor pode ser financeiro ou não financeiro e, de fato, pode até nem ser numérico. O segundo fator é o tempo. Não se trata de uma negociação de uma ou duas semanas. Trata-se de algo que, pelo contexto, pode levar meses ou anos para ser resolvido. Por isso, para ter bons resultados, é preciso estar muito bem preparado estrategicamente, e a negociação deve ser realizada utilizando-se todos os recursos de uma boa preparação.

O principal foco do livro está no mundo dos negócios. Os *princípios do livro*, no entanto, podem ser aplicados a qualquer empreendimento, seja político, social, governamental ou não governamental; e os valores podem ser numéricos, financeiros ou de ordem pessoal. O objetivo pode ser um contrato de US$10 milhões para o fornecimento um sistema de automação industrial para uma nova fábrica, uma das potenciais privatizações valendo mais de um bilhão, ou a resolução de uma disputa familiar. Os princípios se aplicam a qualquer negociação de ordem estratégica.

O livro é composto de dez capítulos, e é fortemente recomendado que sejam lidos na ordem em que se apresentam, pois cada capítulo serve de base para o que vem adiante. Os primeiros três capítulos — "O Problema", "Uma Solução" (baseado no modelo de Harvard) e "A Gestão da Linha do Tempo" — formam o base para tudo o que vem depois. O quarto capítulo é especial no sentido de que trata de como você, como negociador, pode alcançar o *empowerment* e a credibilidade de que precisa para ter sucesso em qualquer negociação.

O quinto e o sexto capítulos são, de fato, o coração de como se preparar e realizar uma negociação estratégica de alto valor. Acontece que nem sempre isso dá certo. O "não" persiste, e o que está em jogo é alto demais para virarmos as costas e irmos embora. Por isso, o sétimo capítulo é dedicado ao terceiro lado, incluindo como a briga entre Abilio Diniz e o francês Jean-Charles Naouri, que durou mais de dois anos, foi resolvida em sete dias. Creio que você achará interessante.

Acontece que o mundo cada vez mais globalizado faz com que sejamos obrigados a enfrentar negociações com pessoas de longe ou daqui mesmo, e novamente há muito em jogo. Por isso, o capítulo 8 é dedicado a como lidar com pessoas e negócios além das fronteiras. Mas nada é estático. Tudo está mudando e mudará mais. Por isso, qualquer negociador de altos valores precisa pensar além do horizonte, para o que vem no futuro e como isso pode afetar tudo que é importante. O nono capítulo foi escrito justamente para ajudar você a começar a considerar isso em suas negociações estratégicas, para aproveitar as oportunidades e se defender de ameaças.

O último capítulo é um resumo de tudo o que foi visto nos nove capítulos anteriores, para nos ajudar a lembrar do que precisamos aplicar na vida real.

Em resumo, o livro foi escrito como uma espécie de manual de como se preparar e realizar negociações estratégicas de alto valor, fornecendo a base necessário para isso. É escrito de modo informal, para facilitar a comunicação entre o autor e o leitor. Espero que seja uma leitura agradável, interessante e plenamente aplicável às suas necessidades em negociações relevantes, mantendo um *compliance* sustentável, e lembro ao leitor que os casos e exemplos usados no livro são baseados em eventos reais que aconteceram comigo ou pessoas conhecidas.

Marc Burbridge

CAPÍTULO 1

O PROBLEMA

O "PROBLEMA" QUE EXAMINAREMOS NESTE CAPÍTULO TRAta-se de seu comportamento como negociador de altos valores, do comportamento dos negociadores do outro lado de mesa e, em alguns casos, do comportamento de terceiros. Empresas não negociam, nem países, nem partidos políticos. Pessoas negociam, e este capítulo trata do comportamento de pessoas em negociações estratégicas. O problema é a tendência natural das pessoas de se comportar de uma certa forma quando negociam. Com autodisciplina, pode-se alcançar um grau de autogestão que permite um resultado melhor. O "problema" está resolvido quando você alcança o grau de autogestão necessário para enfrentar com sucesso as tensões associadas a negociações de alto valor, inclusive com pessoas com o comportamento que comparamos ao do Diabo.

Somos Nós

Todos nós somos negociadores. Como dito na introdução deste livro, estamos negociando desde que aprendemos a chorar. Me dê leite, e eu paro de chorar. Negociamos durante toda nossa vida, alguns com mais jogo de cintura, outros com menos, até mesmo aqueles que nem gostam de negociar. Muitos dos leitores deste livro, inclusive executivos de C-Level, já fizeram algum curso sobre como negociar, talvez em um programa de MBA ou em algum workshop. Talvez já tenham estudado negociação no *Program on Negotiations* (PON) da Universidade de Harvard. Ótimo! No entanto, nada disso basta para você enfrentar bem a negociação estratégica da venda de um sistema de US$10 milhões ou uma fusão de empresas valendo mais de US$1 bilhão e que levará meses para ser resolvida.

Muitas pessoas famosas e ricas negociam coisas importantes todos os dias, e negociam mal. Pelo que tenho observado, o mesmo pode ser dito de pessoas na vida política e até de diplomatas. Algumas pessoas são criativas e têm muito jogo de cintura nas negociações. São negociadores natos. Mas isso também não basta para enfrentar bem uma negociação estratégica de alto valor, pois esse tipo de negociação pode *"make or break"* a carreira do negociador. É necessário mais.

O objetivo deste livro é assegurar que você esteja bem preparado para liderar a preparação e a gestão de uma negociação estratégica de alto valor, independentemente de seus estudos anteriores ou de sua habilidade natural de negociar; é ajudá-lo a se transformar em um líder de negociações estratégicas eficaz e efetivo, para que seu chefe e os investidores percebam que você não é o problema.

A raiz do problema é que a grande maioria das pessoas engajadas em negociações dessa natureza, de alto valor, tem pouca percepção de como são negociadores, menos ainda de seu grau de autogestão. Muitos, talvez você, já passaram por alguma forma de avaliação comportamental com o apoio de um psicólogo, mas a raiz do problema referido aqui é o comportamento do negociador no caso de negociações de alto valor que ocorrem durante um tempo estendido. E, para você como negociador estratégico, a diferença faz diferença.

Quem É Você?

Pergunta boba, não é? Você convive com você a vida inteira. Se você não se conhece, quem o conhece? Mas a questão aqui é: quem é você como negociador? Qual é o seu perfil? *Autoconhecimento* é a chave de *autogestão*, e autogestão é um pré-requisito para conduzir negociações estratégicas de alto valor. Portanto, repito, a pergunta é: quem é você como negociador?

Todos nós temos um jeito de ser. Alguns são mais assertivos, outros, mais colaborativos. Essa tendência vem de dentro e foi se confirmando durante toda a nossa adolescência. Chegando à idade adulta, já somos algo pronto, somos o que somos. Quando nos vem uma oferta boa ou uma ameaça, temos uma tendência natural de reagir, o que não quer dizer que somos obrigados a agir de acordo com nossa tendência natural. Se eu tenho autogestão, sou o gestor de mim mesmo. Não sabemos se nascemos assim, mas logo os pais percebem se têm um filho que precisa controlar sua assertividade ou que precisa se colocar melhor com as outras crianças. Essa dinâmica entre os dois extremos é natural e continua conforme crescemos.

A maioria dos executivos que lideram negociações de alto valor já participaram de alguma atividade de autoavaliação individual ou em grupo. Alguns já tiveram sessões com psicólogos ou alguém especializado em "comportamento" patrocinado pelo RH, em que tiveram a oportunidade de ter uma melhor visão de sua tendência comportamental quando lidando com outros. Existe uma série de testes tipo Thomas-Kilmann, MBTI, DISC etc. usados para descobrir nossa tendência comportamental natural.

Na realidade, todos nós temos algum grau de assertividade e colaboração natural quando negociamos com outros. Vamos considerar quatro tendências e as implicações de cada um para uma negociação estratégica, lembrando que não é uma questão de que um seja melhor do que outro. Dependendo da situação, cada um pode ser mais útil do que o outro.

> **Altamente competitivo.** Em geral, as empresas esperam que seus executivos, particularmente chefes de unidades de negócios, sejam bem competitivos, o que quer dizer que não cedem com facilidade. Para negociações cotidianas, ser fortemente competitivo é uma ótima qualidade. O problema quando chegamos a negociações estratégicas de alto valor é que é muito provável que o indivíduo com quem estamos negociando também seja altamente competitivo. Ghandi disse: "Olho por olho, e o mundo acabará cego." Se nós e o outro lado cedemos à nossa tendência natural à competitividade, é muito fácil en-

trarmos em uma queda de braço em que todos perdem. Não haverá oportunidades para que ambos os lados ganhem. Uma coisa é ser firme, outra coisa é ser cego. Se temos uma forte tendência à competitividade, ótimo, mas precisamos saber gerenciá-la quando negociando com outro similar a nós.

- **Concedente.** Bons relacionamentos são muito importantes nos negócios, e alguns se sentem bem investindo em atender aos interesses dos outros enquanto seus objetivos também são atendidos. Quando os dois lados compartilham esse sentimento, é provável que as partes concluam negócios rapidamente, beneficiando ambos os lados e estimulando novos negócios no futuro próximo. Evidentemente, o problema é quando um dos lados tem uma tendência mais competitiva, o que pode levar a que esse lado brigue por uma parte maior.

- **Evasivo.** Sendo sincero, algumas pessoas, incluindo executivos de alto nível, preferem não negociar. Quando podem, ocupam cargos operacionais estáveis que exigem alto conhecimento técnico e gerencial, mas raramente se envolvem em negociações estratégicas. É raro, mas acontece. O conteúdo deste livro é particularmente relevante e importante para indivíduos com essa tendência. Autogestão, nesses casos, é a habilidade de assumir uma negociação importante mesmo preferindo não ser envolvido, e o livro o ajuda nisso.

- **Colaborador.** Essa expressão é reservada a indivíduos que têm uma forte tendência tanto à assertividade quanto à cooperação. São pessoas que querem ganhar, mas que o outro lado também ganhe. O problema com essa tendência é que, para encontrar uma solução na qual ambos ganhem, demandam-se tempo, esforços e recursos. Não é algo útil para qualquer negócio, mas compensa muito para uma negociação estratégica de alto valor.

Quem é você? Qual é a sua tendência como negociador e o que isso tem a ver com sua habilidade de ter sucesso em liderar ou apoiar negociações estratégicas de alto valor? Voltamos ao princípio de que, quanto melhor conhecermos nosso jeito de ser — autoconhecimento —, melhor será nossa habilidade de autogestão.

Como Está Seu Autocontrole?

Você já presenciou alguém no ambiente de escritório, um executivo, talvez um CEO, ficar muito zangado, perder o controle, xingar alguém? Provavelmente, sim. E quando aquele que foi xingado é uma pessoa cuja colaboração ou concordância é muito importante, agora ou no futuro, para a pessoa que perdeu a cabeça? Como fica? Um pedido de desculpas talvez baste entre amigos. E quando não são amigos e o outro é o representante de uma empresa importante? Um momento de falta de autocontrole em alguém assertivo pode representar o fim de sua carreira. No outro extremo, a pessoa sabe que algo não está certo, mas é muito colaborativo e não gosta de falar mal de quem quer que seja. Acontece que seu silêncio pode levar a empresa a um grande prejuízo, e talvez mais tarde o chefe descubra que a pessoa "escondeu" o fato, não falou nada. É interessante notar que muitos norte-americanos e europeus reclamam de que brasileiros são evasivos. São simpáticos, mas não gostam de levar más notícias para ninguém, mesmo quando devem.

E quando alguém insulta você, diz que algo que você considera sagrado é besteira, diz que você está mentindo, insulta sua mãe? Você manda para aquele lugar? Bem, talvez você se sinta muito melhor, mas isso não o ajudará a conseguir que quer. E quando algo é importante não apenas para você, mas também para quem você representa, quando se trata de algo estratégico?

Vamos considerar o caso real de Paula, uma jovem mulher de muita energia e talento e que é gerente-geral de operações no Brasil de uma empresa sediada na Europa. Ela foi responsável pela implantação da empresa no Brasil e uma série de escritórios espalhados pelo país, seguindo os padrões internacionais definidos na Europa. Foi treinada na Europa para isso. Cada escritório era um *"turn-key"*. Ela era responsável pela contratação de local, construção das instalações de acordo com o padrão europeu e pelo recrutamento e treinamento da equipe, incluindo o chefe de novo escritório, até a entrega da chave para essa pessoa, que, a partir de então, se reportaria ao diretor de operações na Europa. Paula era boa no que faz e o fazia com paixão, tendo recebido uma medalha de "Gerente do Ano" na convenção em Paris por sua implantação de um escritório do World Trade Center em São Paulo, em um acordo de 28 dias.

Em uma tarde de primavera, Paula percebeu que a gerente da nova unidade que seria inaugurada dentro de dois meses, Alessandra, comunicava-se com sua futura diretoria lá fora, sugerindo ações e decisões para o prosseguimento do projeto. Diante dessa constatação,

Paula conversou com Alessandra, explicando que a entrega das novas instalações, desde o contrato de espaço até a entrega das chaves, era sua responsabilidade e precisava ser feito de acordo com as normas e padrões da empresa, do contrário, poderia implicar em problemas operacionais futuros. Pediu a Alessandra que se dirigisse a ela antes de qualquer comunicação com a matriz no exterior e informou que quaisquer ações deveriam ser compartilhadas para prevenir erros no *layout*, o que refletiria não só na imagem corporativa, mas também diretamente na receita da empresa. Paula não tinha dúvidas sobre o que estava falando.

Não muito tempo depois, ela descobriu que seu pedido não foi atendido e que Alessandra continuava a se comunicar diretamente com sua futura diretoria, tomando pequenas decisões em paralelo às ações de Paula, sem conversar com ela. O que aconteceu? Já se pode imaginar. No encontro seguinte das duas, no corredor do escritório, Paula, perdendo o autocontrole, gritou com Alessandra, que respondeu imediatamente na mesma moeda, chamando-a de arrogante e egoísta. A explosão impediu que as duas observassem a presença de alguns clientes importantes próximos. A cena ficou feia.

Naquele momento, o silêncio invadiu o ambiente e atingiu quem estava próximo. Paula percebeu que tempos muito difíceis estavam se iniciando. A falta de autocontrole nesse caso resultou na interrupção da carreira das duas e levou a empresa a perder dois ótimos talentos.

A falta de autocontrole pode custar caro para todos.

Voltamos à questão de como está seu autocontrole em uma negociação quando a conversa se torna difícil e quando há muito em jogo; porque, se você não é parte da solução, você é parte de problema.

O primeiro passo na autogestão é o autoconhecimento, conforme já indicado, particularmente quando falamos de negociações estratégicas. Quando você é consciente de como você é (assertivo, colaborativo etc.), tem mais chance de ajustar seu comportamento de acordo com a situação. Lembrando que você não é prisioneiro de seu jeito natural de ser.

Como você gerencia emoções? Resposta: você não gerencia! Raiva, vergonha, amor, eles estão sempre presentes. O que você gerencia são suas manifestações quando esses sentimentos surgem. A neurociência nos ensina que, quando recebemos algum estímulo, visual ou auditivo, uma glândula chamada tálamo, no sistema límbico de nosso cérebro, carrega este com sentimentos que em seguida são processado pelo neocórtex (a parte pensante de nosso cérebro), que, por vez, manda essa informação para a amígdala, que está um pouco acima do tronco cerebral. Isso ativa nossas reações com adrenalina, respiração mais forte etc. É uma reação pensada. A exceção é quando o tálamo manda o estímulo diretamente para a amígdala, para uma reação imediata, não pensada. Isso pode acontecer por causa de uma ameaça física ou se tratar de uma reação emocional.

A neurociência também nos ensina que nossas reações são treináveis. Em termos simples, se você está bravo, conte até dez (o tempo necessário para a adrenalina baixar,) e, se está muito bravo, conte até cem. Aqui estão sete hábitos para seu kit de autogestão que podem ajudar em diálogos com outros quando a conversa é difícil.

Sete Hábitos para um Bom Diálogo

1. **Enfatizar o positivo!** Na escrita, é relativamente fácil. No verbal, requer disciplina, particularmente quando o outro lado é negativo. Mas vale a pena.

2. **Evitar o diálogo de culpa!** Provar que o outro lado está errado dificilmente o ajudará a alcançar seus objetivos.

3. **Fazer perguntas "abertas".** São perguntas que não podem ser respondidas com "sim", "não" ou com um número. "Por favor, me explique por que você..." obriga o outro a falar e abre o diálogo.

4. **Internalizar quando a conversa é dura.** Evite o "você" acusador. Em vez de "Você me ofendeu", diga "Eu me senti ofendido".

Dificilmente o outro pode dizer que você não está sentindo aquilo que você acabou de declarar.

5. ***Trocar o "mas" por "e", sempre que puder.*** A palavra "mas" tende a negar tudo que foi dito antes. "Sua proposta é interessante, **e** eu tenho uma outra ideia." O "e" preserva o respeito àquilo que foi dito antes. Esse é um hábito difícil, mas muito positivo.

6. ***Envolvê-los na solução.*** O outro lado começa a ouvi-lo mesmo quando acredita que você não o ouviu. Escute primeiro, fale depois.

7. ***Se atacado, responder com uma pergunta.*** "Por que vocês…?"

Vale a pena ler de novo essas sete dicas. Não são fáceis de incorporar à sua forma de comunicar e negociar de todo dia, mas constituem um importante passo na autogestão da comunicação e negociação. Este assunto será mais bem explorado no próximo capítulo.

Negociando com o Diabo

A primeira coisa a se lembrar quando se negocia com o Diabo é que ele ou ela é bem mais esperto que você, tem muito mais experiência e pode parecer bonito(a), inclusive para outros.

A maioria das negociações acontece com pessoas razoáveis. Talvez sejam pessoas duras e exigentes, mas, no final, são pessoas que querem chegar a um acordo aceitável para todos os envolvidos, sem provocar reações desastrosas por parte daqueles que não estão à mesa. Digo a maioria, mas nem todos. A questão é como agir quando o outro lado acusa você de ter mentido, roubado ou cometido outro ato antiético. O que fazer quando você suspeita ou tem certeza de que o outro lado está agindo de má-fé ou tem quebrado algum acordo verbal? A primeira reação é mandá-lo para aquele lugar. Como já falamos, você se sentirá muito melhor! Mas não é muito provável que isso vá ajudá-lo a conseguir o que quer. Além disso, quando se trata de negociações de alto valor, o líder da negociação tem a responsabilidade de tentar fazer um acordo de boa qualidade, independentemente do caráter da pessoa do outro lado da mesa.

Em relação a acusações vindas do outro lado da mesa, uma reação legítima é perguntar de onde vem tal acusação, qual é a base dela, pois há sempre a possibilidade que seja um mal-entendido fácil de tratar. Mas, quando o outro lado tem um caráter malvado, é improvável que você possa refutar a denúncia logo de cara, pois, se fosse algo tão fácil de responder, seria improvável que o outro lado o teria colocado. O "Diabo" quer pegar você despreparado para tirar vantagem na negociação, e é bem possível que ele tenha base para dizer o que disse, que saiba algo sobre seu lado que você não está sabendo.

Uma técnica sugerida por William Ury para lidar com isso é "Vá à sacada", ou *"Go to the balcony"*. O problema de quando se é atacado, acusado, é que seu reflexo de defesa pode bloquear seu raciocínio por alguns segundos. O "Vá à sacada" de Ury seria como inventar alguma desculpa para sair de cena por alguns minutos, para poder pensar sobre o que está acontecendo. Por que eles estão agindo dessa forma? Como é melhor reagir? Será que eles estão com uma fonte de informação ruim? Ou estão querendo tirar você da negociação?

Para "ir à sacada" e conseguir alguns momentos para pensar, você pode de repente atender a uma ligação no celular ou pedir um momento para consultar alguém de sua equipe fora da sala, sempre dizendo que vai responder à acusação logo em seguida. Pode inclusive dizer que falta informação para responder corretamente e pedir que as negociações sejam suspensas até o dia seguinte.

Pode haver muitos motivos para o comportamento diabólico do outro lado, desde informações errôneas sobre você, suspeita de má-fé ou querer se defender com a mesma moeda. Ou, de fato, a intenção dele seja enganar você para maximizar os resultados para o lado dele, ou obrigar seu lado a substituir você por alguém menos competente. É difícil saber, mas, com certeza, reagir sem autocontrole não o ajudará a descobrir. Com paciência, fazendo as perguntas corretas e agindo com autocontrole, suas chances de descobrir são bem melhores.

Quando você conclui que o indivíduo do outro lado está, de fato, atuando de má-fé, mentindo ou de algum modo negociando de forma antiética, existem algumas alternativas além de simplesmente encerrar as negociações.

1. Suspender as negociações temporariamente para dar tempo de confirmar a situação e, se for possível, determinar se o indivíduo está agindo por conta própria ou se isso faz parte da cultura da organização.

2. Confirmar com seus superiores o grau de importância do acordo.

3. Tentar confirmar se o negociador do outro lado está alinhado com a cúpula de sua organização.

4. Se não for, ou se há dúvidas, peça que o chefe do outro lado seja envolvido, ou então os chefes dos dois lados.

5. Procurar definir opções (conforme examinado no próximo capítulo) que limitem possíveis aspectos negativos de um eventual acordo.

Lembramos que, se o outro lado, com todo seu mau comportamento e possíveis insultos, ainda está conversando com você, é porque você tem algo que ele quer, e muito. Talvez você ainda não esteja enxergando seu poder. Às vezes, não negociar com o Diabo pode não ser uma alternativa.

Um dos desafios de negociar com o Diabo acontece quando ele é um "falso Diabo", ou seja, quando a percepção de que está agindo como Diabo é falsa. Isso acontece com certa frequência em negociações de alto valor em famílias ou sociedades limitadas no Brasil. Um exemplo é o caso de uma negociação a que assisti entre o sócio de uma sociedade limitada muito bem-sucedida quando o sócio Alpha, com 25% das cotas, propôs vender suas cotas para o Beta, que era dono dos demais 75% das cotas. Os dois tinham trabalhado como sócios e amigos durante mais de trinta anos para construir a empresa juntos, mas, quando chegou a hora de os filhos assumirem a liderança, o Alpha tentou explicar por que seu filho era mais qualificado para ser CEO do que o filho de Beta. O sócio Beta não concordou. Até então, tanto Alpha como Beta tinham acumulado bens externos à empresa suficientes para não dependerem da receita dela.

Começou com cada um *diabolizando* o outro. O sócio Alpha, em uma reunião de conselho, sem aviso prévio, propôs vender suas cotas para Beta por um valor definido por seu avaliador, dando um prazo de trinta dias para a resposta, e depois isso ele estaria livre para vender para quem ele quisesse. O sócio Beta não se sentiu ameaçado, pois tinha certeza de que ninguém compraria as cotas por aquele preço. Mas sentiu-se desrespeitado. Logo em seguida, ofereceu comprar as cotas pelo valor de livro, calculado por seu contador, um preço bem inferior. Nesse momento, Alpha já estava chamando Beta de arrogante, e Beta chamava Alpha de ingrato. Um conselheiro de Beta, bem talentoso, tentou salvar a situação, propondo encontrar um novo comprador para a parte de Alpha e convidando os dois para o mesmo lado de mesa, trabalhando juntos para encontrar o comprador, porém sem sucesso. Os dois velhos amigos se tornaram o Diabo um para o outro, mas "", pois nenhum deles agiu de má-fé. Ficou claro que a briga não era sobre o valor das cotas, pois o valor não afetava a vida de nenhum deles. A briga era sobre o relacionamento e o respeito de um para outro. Quando dois lados brigam, é necessário um terceiro lado para cessar a briga. Isso será visto no capítulo "O Terceiro Lado".

No fim das contas, em negociações estratégicas de alto valor, cada um de nós é o problema, pois quem negocia somos nós. Se não temos autogestão nos momentos de estresse — e haverá momentos assim —, a possibilidade de otimizar os resultados da negociação são mínimas. Acontece que a chave de autogestão na hora da pressão é o autoconhecimento. Os ensinamentos deste capítulo são apenas o início do caminho para isso. A resolução de problemas é o que fazemos para nos conhecermos como negociadores e o que fazemos para fortalecer nossa autogestão. O que se ensina em Harvard sobre isso está no próximo capítulo e pode ser parte da solução.

CAPÍTULO 2

UMA SOLUÇÃO

O que Eles Ensinam em Harvard

EXISTEM MUITOS ÓTIMOS CURSOS SOBRE NEGOCIAÇÃO PARA executivos e C-Level espalhados pelo mundo. Conheço os programas de Stanford, da London School of Economics (LSE), do MIT, em Boston, do HEC, em Paris, entre outros. E fui cofundador, junto com o professor Jaci Leite, do curso Negociação Estratégica C-Level, da Fundação Getulio Vargas. Não há dúvidas, entretanto, de que a escola mais citada mundialmente para o estudo do assunto "negociação" é a Harvard Law School, em Boston, Massachusetts, que geralmente é reconhecida como líder mundial nessa matéria. Por isso escolhi o que é ensinado em Harvard como a solução para confirmar que temos um conjunto de terminologia e conceitos básicos para servir de base para todo o restante deste livro. Se você participou recentemente de um dos cursos de quarenta horas de Harvard (PON), talvez este capítulo vá parecer um pouco repetitivo. Mesmo assim, vale a pena dar uma olhada.

A origem do *Program on Negotiations*, o PON, foi um consórcio entre três universidades dos EUA (Harvard, MIT e Tufts), liderado pelo professor Roger Fisher, do curso de direito de Harvard, com o ativo apoio de William Ury, estudante de doutorado em antropologia, e Bruce Patton, estudante de direito na época, mais ou menos em 1980. Em 1982 Fisher e Ury escreveram o livro *Como Chegar ao Sim*, com a ajuda de Patton na segunda edição. Foi um best-seller em 1984 e com certeza será o livro sobre negociação mais vendido no mundo em 2024. Se você ainda não leu, recomendo que o faça neste fim de semana. O livro capturou uma forma muito simples e clara de expressar as ideias que serviriam como base para o *Program on Negotiations* daquela época e o PON de hoje. Se você tiver que negociar com algum executivo japonês, alemão ou mexicano no mês que vem, é muito provável que ela ou ele já tenha lido *Como Chegar ao Sim* na língua deles. Como informei, dá para ler em um fim de semana.

Alguns anos atrás, quando eu havia acabado de fazer meu primeiro curso sobre negociação na Harvard PON, fui visitar o professor Roger Fisher. O PON naquela época não era nada elegante. Tinha uma pequena biblioteca no corredor, alguns escritórios modestos próximos e o escritório de Dr. Fisher, que não era muito maior que meu home office de hoje. Ele pediu para eu me sentar na cadeira em frente à mesa dele e me perguntou o que eu havia aprendido no curso. Ele me deixou falar por alguns minutos e depois disse que eu ainda estava um pouco confuso e precisava ler de novo o *Como Chegar ao Sim,* o livro dele com Ury. Disse também que um bom negociador não barganha sobre posições e sabe separar as pessoas de problema. Sempre tive muito respeito pelo Dr. Fisher e por isso dediquei meu livro *Executive Diplomacy and the Art of Strategic Negotiations* a ele.

O objetivo deste capítulo é apresentar aos leitores uma base comum de terminologia e conceitos usados em todo o restante do livro. São aplicáveis em qualquer tipo de negociação, na escola, na família, no trabalho e, sim, em negociações estratégicas de alto valor, com certa adaptação. Este capítulo começa focando o que não se costuma ensinar em Harvard sobre "barganhar". A mentalidade de Harvard é a de que pessoas que focam em barganhar não conseguem enxergar as melhores soluções oferecidas por uma negociação integrativa. Incluímos isso porque há momentos em que você precisa enfrentar uma negociação distributiva, a chamada soma zero, e precisamos ter certeza de que você está bem familiarizado com a terminologia e os respectivos conceitos envolvidos. Depois falamos sobre o uso da expressão BATNA, a melhor alternativa se não houver um acordo e que já se tornou virtualmente universal na arte da negociação. A partir disso, examinamos os sete elementos do modelo de Harvard, que servem como base para a terminologia e os conceitos no restante do livro.

Barganhando

Tenho todo o respeito aos conselhos de Fisher e Ury em *Como Chegar ao Sim* de "não barganhar sobre posições". Acontece que o processo de "separar as pessoas do problema" e "focar os interesses" exige tempo, que nem sempre está disponível. Há certos momentos dentro de uma negociação estratégica em que você pode precisar barganhar sobre algo específico. Além disso, existe certa terminologia de conceitos associados com *negociação distributiva*, também chamada de *jogo de soma zero*, que você precisa conhecer.

Estamos falando de "bolo fixo", ou seja, para você ganhar mais, o outro lado tem que ganhar menos. Se isso acontece sobre os valores centrais de uma negociação estratégica, é porque um ou ambos os lados negociaram mal. Mas em certos momentos você pode ser obrigado a barganhar sobre algo específico e liberar o caminho para aplicar o modelo de Harvard que exploraremos mais adiante.

Há três conceitos importantes associados às negociações distributivas — barganhar — que você precisa conhecer:

- **Ancorar:** seja a primeira proposta em relação a qualquer negociável;

- **Limites:** valores que representam o máximo ou o mínimo aceitável;

- **ZOPA** (Zona de Possíveis Acordos): a distância entre os limites de um lado e do outro.

O primeiro desses, ancorar, aparece no início de diálogos sobre qualquer negociável. Você já tem em mente um limite, menos do qual você não aceita de jeito nenhum. Acima disso, você quer tudo o que puder (mantendo o relacionamento com o outro lado). Acontece que o outro lado está pensando da mesma forma. Assim, seu limite e o limite do outro lado formam a zona de possíveis acordos, a ZOPA, um dos elementos da barganha. O problema aqui é decidir se deve tomar a iniciativa de ancorar ou esperar o outro lado fazer o primeiro lance.

Muitas das negociações diárias de compra e venda de qualquer coisa de médio valor envolvem barganhar dentro da ZOPA. Com pouco de prática dos dois lados, a visão de ZOPA começa a ser conhecida por ambos os lados. Acontece que, quando se fala em negociações estratégicas de alto valor, os momentos de barganhar geralmente são limitados a valores menores dentro da totalidade da negociação e devem ser tratados usando-se os conceitos do modelo de Harvard.

Limites de Barganha

ZOPA
= Zona de Possíveis Acordos
(a faixa em que é possível chegar a um acordo)

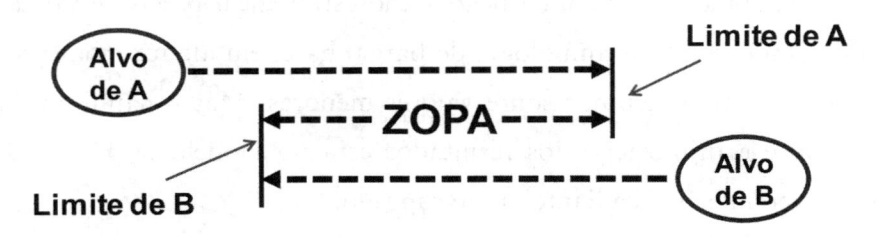

```
        Alvo                                    Limite de A
        de A  ──────────────────▶
                    ◀─── ZOPA ───▶
              ◀──────────────────        Alvo
        Limite de B                       de B
```

A utilidade de conceitos de barganha em uma negociação estratégica é limitada por uma série de razões. Vamos ver por quê.

Normalmente, uma negociação estratégica começa com um dos lados propondo fazer algo com o outro lado, às vezes sem nenhum valor no início. Isso é seguido pela assinatura de um acordo de sigilo e uma série de contatos de advogados, auditores, técnicos etc. O *ancorar* dos valores neste processo só começa a ocorrer mais tarde, em relação a uma série de itens específicos, chamados de "negociáveis". Mesmo assim, nada é fechado até tudo estar fechado. É verdade que no início existe um momento de ancorar cada negociável, e o conceito de ZOPA existe naquele momento, mas todos sabem que isso é apenas o início do processo e que a troca de um negociável por outro dominará o processo. Com respeito aos *limites*, às vezes eles acontecem em negociações políticas e, inclusive, corporativas, quando alguém declara que algo é "inegociável". O problema é que tais declarações tendem a se transformar em "linhas vermelhas" ou "linhas na areia", que mais tarde podem ser fonte de grandes embaraços para os líderes de negociação quando ela ou ele é obrigado a ceder. Aprendemos que, em princípio, tudo é negociável dentro dos limites de *"compliance"*. Portanto, se não houver limites, qual é o sentido de uma ZOPA definida justamente por limites?

Você, como líder de uma negociação estratégica, precisa estar familiarizado com a terminologia de barganha e, em algum momento, pode precisar barganhar sobre valores menores. Mas o caminho do sucesso e a otimização dos resultados está no modelo de Harvard, como veremos mais adiante, neste capítulo.

BATNA — Do Início ao Fim

Há muita terminologia que surgiu do *Program on Negotiations*, e talvez a mais conhecida globalmente seja a *Best Alternative To a Negotiated Agreement*, a **BATNA**. Em português, seria algo como

Melhor Alternativa de um Acordo Negociado, ou Melhor Alternativa Sem Acordo. Recomendamos fortemente o uso da expressão **BATNA** mesmo. Quando se fala de negociações entre profissionais de C-Level, é muito provável que as pessoas a conheçam.

O termo BATNA ocupa um espaço fundamental no início e no final de qualquer negociação, particularmente uma negociação estratégica. No início, a BATNA constitui a referência de limite para qualquer estratégia de negociação, pois é evidente que qualquer acordo precisa ser o melhor de sua melhor alternativa, caso contrário, não fará sentido. Portanto, o primeiro passo na preparação de uma estratégia para negociar é identificar e obter consenso de seu lado sobre qual é de fato sua BATNA na eventualidade de a negociação não resultar em um acordo. É a referência pela qual você julga qualquer proposta do outro lado, pois tem que ser melhor do que sua melhor alternativa, ou não fará sentido fechar o acordo.

Durante e ao final da negociação, é a BATNA que lhe dá o poder de dizer "não" a qualquer proposta ou posição do outro lado, por isso você precisa estar o mais seguro possível sobre sua BATNA antes de começar a negociar. A BATNA representa seu poder durante toda a negociação, o que não quer dizer que deve esfregar sua BATNA na cara do outro lado. Meu conselho é falar baixo, mas levar um grande bastão (BATNA).

Evidentemente, o outro lado também tem uma BATNA e pode usá-la para pressioná-lo. "Sua proposta é fraca, pois minha BATNA é bem melhor do que isso." O uso ou não da BATNA durante a negociação é uma questão que deve ser pensada durante a preparação para negociar, pois isso pode fazer parte de uma estratégia. De toda forma, investigar o máximo possível a BATNA do outro lado faz parte da preparação para negócios. Lembramos que é uma área em que é muito fácil fazer suposições errôneas, pois às vezes o outro lado faz questão de esconder sua melhor alternativa.

Um dos erros comuns nas negociações, inclusive no nível estratégico, é tratar a BATNA como algo fixo, determinado. Uma negociação estratégica pode levar semanas, meses ou até anos para ser concluída, e, no decorrer desse tempo, muita coisa pode mudar. Pode acontecer, por exemplo, de, em certo momento, o outro lado dizer: "Coincidentemente, a empresa ABC com a qual vocês estavam negociando antes de falar conosco... bem... nós acabamos de comprar 51% dela."

O Modelo de Harvard — Uma Visão Aplicável

O chamado "modelo de Harvard" de negociação é composto de sete elementos. É baseado no livro *Como Chegar ao Sim*, de Fisher e Ury, mas foi apresentado de forma mais completa, posteriormente, no *Getting Ready to Negotiate: The Getting to Yes Workbook*, de Roger Fisher e Danny Ertel. O modelo abriu caminho para que as pessoas começassem a enxergar o processo de negociação como sendo uma oportunidade de "fazer o bolo crescer", sem perder de vista o fato de que, em algum momento, será necessário repartir o bolo. Os sete elementos se aplicam a qualquer negociação, seja de negócios, política, social e, inclusive, uma de alto valor.

A base do modelo é a interação entre RELACIONAMENTO e COMUNICAÇÃO, que, atuando juntos, um reforça o outro. Um bom relacionamento facilita a comunicação, e uma comunicação efetiva ajuda a construir um relacionamento de confiança. Quando os dois são realizados bem no início da negociação, formam uma base sólida para os demais passos.

Os Sete Elementos da Negociação Integrativa

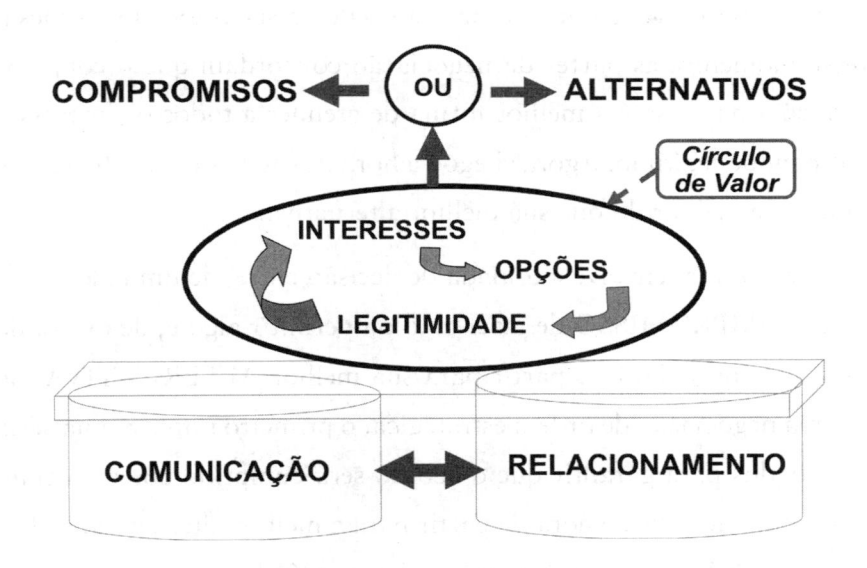

```
COMPROMISOS ← ( OU ) → ALTERNATIVOS
                                    Círculo
                                    de Valor
              INTERESSES
                    ↳ OPÇÕES
              LEGITIMIDADE

    COMUNICAÇÃO ↔ RELACIONAMENTO
```

Na ilustração, temos o "Círculo de Valor", composto de três elementos, que, juntos, ajudam os negociadores a identificar novos valores, fazendo "o bolo crescer". O primeiro deles, "INTERESSES", simboliza o processo pelo qual descobrimos o que o outro lado quer e, às vezes, o que nós queremos também. Como veremos mais adiante, isso não é nada tão óbvio como parece. Exige paciência e persistência. Quando temos uma visão clara e completa dos interesses de todas as partes, isso nos ajuda a definir e a criar OPÇÕES que podem ser negociadas. Entretanto, para que sejam realistas, as opções escolhidas e acordadas nas negociações precisam ser vistas como LEGÍTIMAS para todos os lados, senão, pode-se cair em um processo de barganha em que a tendência é cortar, em vez de criar valor.

Os três elementos — interesses, opções e legitimidade — são representados como sendo parte de um círculo, porque, quando bem executados, ocorrem repetidamente, até que as partes conjuntamente cheguem ao consenso de que não há mais valor a ser colocado na mesa. Nesse momento, as partes da negociação concordam que o conjunto de opções na mesa é a melhor forma de atender a todos os interesses de um modo legítimo. Agora chegou a hora de cada lado decidir se esse conjunto é melhor do que sua melhor alternativa.

O passo final envolve a tomada de decisão entre, de um lado, assumir o COMPROMISSO de fazer algo ou permitir algo e, de outro, de desistir da negociação e partir para sua melhor ALTERNATIVA. Se for uma negociação de ordem estratégica, o primeiro implica uma série de cuidados para garantir que o acordo será cumprido corretamente. Se for "sem acordo", é hora de partir para a melhor alternativa, a chamada BATNA, examinada no início deste capítulo.

Relacionamento e Comunicação *Efetiva*

A ponte de relacionamento para o outro lado

A construção de bons relacionamentos durante as negociações geralmente custa pouco e pode valer muito, tanto durante a negociação quanto depois. Para a maioria das negociações, esse bom relacionamento requer nada mais do que tratar o outro lado com respeito, reconhecendo a legitimidade de seus interesses, *o que não significa ceder.* Todos os cursos do PON enfatizam a importância de construir uma ponte de bom relacionamento com o outro lado para facilitar a confiança e a comunicação em qualquer negociação, mas, quando se trata de negociações de alto valor, a importância desse cuidado é exponencial.

Como é tratado com mais detalhes no capítulo sobre a gestão de diálogo, o simples cuidado de promover um encontro prévio e informal entre os líderes da negociação cria uma oportunidade para a descoberta dos pontos em comum que facilitam a comunicação e abrem caminho para que haja maior credibilidade na hora de negociar. Isso já constitui um valor adicional na negociação.

Vamos ver um exemplo de possível benefício pós-negociação de bom relacionamento.

Os representantes de duas empresas, Alpha e Beta, após muito negociar, celebraram um bom acordo e, em seguida, entregaram a implementação do acordo a outros executivos de suas respectivas empresas.

Meses depois do fechamento do acordo, o governo editou um novo regulamento que acarretou em um custo inesperado para Beta. A partir desse momento, nenhum dos executivos responsáveis pelo acordo original estava mais envolvido no negócio, e teve início um atrito entre Alpha e Beta. Os advogados de Beta ameaçavam processar Alpha devido à perspectiva de prejuízos. Foi então que o executivo de Alpha, que liderou a negociação na época, mas que não estava mais envolvido no negócio, ficou sabendo do atrito. Ele pegou o telefone e ligou para um diretor de Beta com quem teve, e ainda tem, um bom relacionamento e conseguiu agendar um encontro com todos os envolvidos, incluindo o diretor de Beta com o qual havia trabalhado no passado, e uma solução para o problema foi encontrada. Nesse caso, o custo-benefício do investimento no relacionamento foi alto.

Existem diversas formas de construir bons relacionamentos durante uma negociação estratégica, e a melhor delas é uma comunicação empática e efetiva. Como veremos, são coisas simples como: enfatizar o positivo, evitar o negativo, ouvir mais do que falar e demonstrar respeito para os pontos mostrados pelo outro lado, mesmo quando não concordamos.

A comunicação *efetiva*

Sendo alguém interessado em negociações de alto valor, é muito provável que você já tenha participado de algum curso sobre comunicação ou comunicação assertiva em um programa de MBA ou equivalente. Acontece que pode haver comunicação assertiva sem ser efetiva, sem conseguir o que se quer. Podemos ser bastante assertivos sem sermos

UMA SOLUÇÃO

efetivos, pois, ser efetivo implica em: 1) o outro lado ter recebido e entendido nossa mensagem da forma que pretendemos; 2) nós termos recebido a mensagem do outro lado da forma que ela ou ele pretendia; 3) os dois lados terem confirmado que de fato as mensagens completas e verdadeiras foram recebidas e compreendidas corretamente. Isso se aplica tanto a uma negociação de baixo quanto a uma de alto valor.

Existe muita coisa escrita e ensinada sobre como devemos nos comunicar. Lembramos de sete hábitos para um bom diálogo, mencionados na conversa sobre autogestão, no Capítulo 1. No caso de comunicação durante negociações de alto valor, pessoa a pessoa, indicamos cinco pontos como importantes para ser efetivo.

1. **O comunicador/negociador.** Como será visto mais adiante, é recomendado que apenas uma pessoa seja designada para fazer propostas até a entrada do responsável para a tomada da decisão no final.

2. **A transmissão do outro.** Além das palavras, cuidado deve ser tomado com as manifestações não verbais, o chamado "corpo que fala", não apenas de quem está falando, mas de todos que estão presentes.

3. **A recepção por nós.** Nós temos nossos filtros culturais, que podem influenciar o modo como recebemos a comunicação do outro e aos quais precisamos estar atentos, particularmente quando negociando com pessoas de outras culturas.

4. **A mensagem.** Precisamos de cuidado para não haver ambiguidades nas mensagens que transmitimos ou recebemos e, para isso, precisamos confirmar a mensagem, repetindo o que foi dito

e fazendo perguntas abertas (que não podem ser respondidas com sim, não ou com um número), o que obriga a pessoa a explicar melhor a mensagem.

5. **Credibilidade.** Isso é diretamente relacionado ao *empowerment* do responsável pela negociação em ambos os lados e precisa ser confirmado.

O responsável por liderar a negociação tem o poder de tomar as decisões necessárias? Se há dúvidas sobre isso, há dúvidas sobre tudo o que nós e o outro lado comunicamos durante a negociação. *Empowerment* é uma pré-requisito para a comunicação efetiva, conforme estudaremos em detalhe no Capítulo 4.

Supondo que os negociadores dos dois lados sejam profissionais experientes, a gestão desses cinco itens pode tornar as comunicações mais efetivas. O mais importante em toda comunicação é *ouvir assertivamente*, para ter certeza de que se está captando a mensagem correta do outro lado.

Relacionamento e comunicação "cross-cultural"

Em princípio, tudo o que foi informado até aqui se aplica a negociações em qualquer lugar e com pessoas de qualquer cultura, mas há fatores especiais que precisam ser considerados, dependendo de com quem e onde se está negociando. Esse assunto será examinado em mais detalhes no capítulo "Além das fronteiras".

O Círculo de Valor

Interesses, não posições

Um dos aspectos mais importantes do chamado modelo de Harvard é a busca dos interesses, o primeiro elemento no "círculo de valor" e algo bem mais complexo do que parece à primeira vista. Frequentemente negociadores têm a tendência de declarar suas posições, "Eu quero A, B, C e talvez D também", em vez de seus interesses. Muitas vezes, os verdadeiros interesses não são claros nem para nós mesmos, pois se entrelaçam com diversos outros, e é difícil enxergar a raiz, aquilo que mais queremos. O objetivo é superar o debate sobre o que se quer para poder descobrir por que se quer.

O Iceberg do "Por quê?"

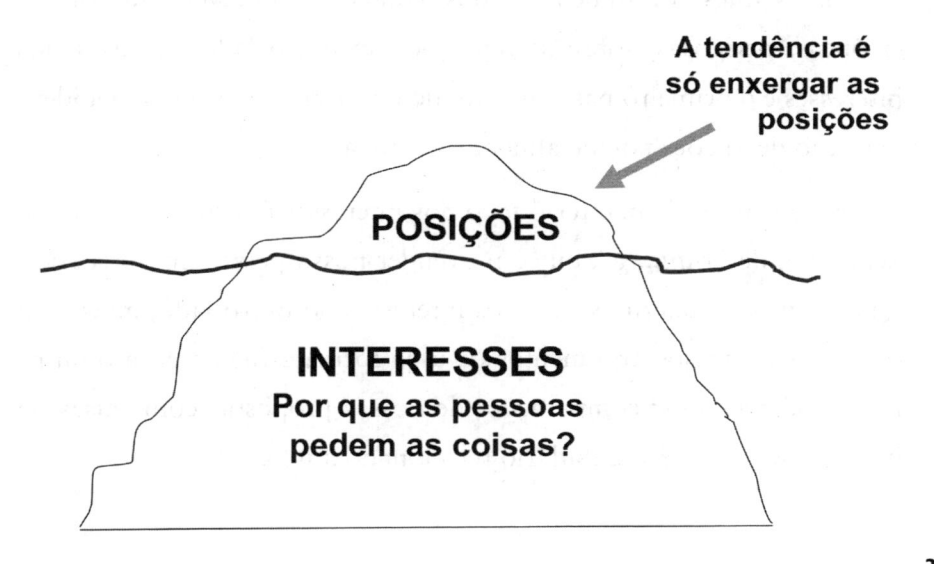

A tendência é só enxergar as posições

POSIÇÕES

INTERESSES
Por que as pessoas pedem as coisas?

A posição é como a ponta do iceberg. O desafio é descobrir os interesses abaixo da declaração do que se quer. Inverter o iceberg não é fácil, pois não é natural, mas é muito importante para podermos chegar ao melhor resultado. Exige paciência e gestão da linha do tempo, como examinado no próximo capítulo.

Em primeiro lugar, precisamos ouvir o suficiente para que o outro lado se convença de que estamos recebendo a mensagem dele, e isso sem responder com posições. No caso de negociações estratégicas, por exemplo, começar discutindo um *checklist* das posições com base em uma proposta formal normalmente é pouco produtivo.

Com uma boa base de RELACIONAMENTO e COMUNICAÇÃO, é possível, logo de início, fazer perguntas abertas para "pescar" os reais interesses do outro lado e, em tempo, revelar o porquê de certas coisas terem sido incluídas nas propostas do outro lado. Mesmo após meses de preparação, não é incomum que uma boa conversa sobre interesses, o porquê das coisas, revele novas oportunidades de ganhos não vistas antes por ambos os lados. Pode também revelar suposições errôneas, perigosas, sobre as intenções do outro lado. A busca dos interesses é o primeiro passo no círculo de valor porque facilita a identificação de opções potencialmente lucrativas.

Outra função de manter o foco nos interesses é fortalecer o que se denomina de "*framing*", ou como vender nosso peixe, em português. Quanto mais soubermos sobre os interesses do outro lado, mais fácil será colocar nossos argumentos de uma forma atraente para o outro lado. Podemos usar comparações de nossas propostas com coisas de interesse deles e até vocabulário relacionado a isso.

Opções

Hora da criatividade! A opção é qualquer proposta de algo para atender a um interesse identificado no passo anterior. É hora de, internamente, em uma sessão de *brainstorming*, propor coisas que possivelmente possam atender aos interesses nossos e deles. Isso deve ser feito livremente, sem críticas, pois a crítica mata a criatividade. Primeiro, liste todas as ideias, depois selecione as que usará na negociação. Haverá bastante tempo depois para descartar qualquer opção irrealista ou pouco desejável. Se o outro lado conhece e concorda com o uso do modelo de Harvard, a negociação fica bem mais fácil e produtiva.

Agora é hora de frases como: "Se vocês puderem esperar mais um mês, nós poderemos entregar o A, atendendo às especificações do documento K", ou "Nós também temos interesse em expandir para o Rio Grande do Sul no ano que vem. Podemos considerar a hipótese de uma *joint venture* para isso." Sabendo os interesses de um lado e do outro, as possibilidades de opções são virtualmente infinitas.

Agora, sim, é hora de criar um *checklist* de potenciais opções e excluir as menos interessantes. Podemos ordenar listas de opções de acordo com critérios como sustentabilidade, potencial e lucro no curto prazo. Negociando conjuntamente, chega-se a um conjunto de opções que mais se aproximam de algo aceitável para todos os lados, atendendo a interesses reais. Mas o processo só começou.

Legitimidade

Para que qualquer conjunto de opções seja viável, ele precisa ser considerado justo por todas as partes envolvidas, assim como para todas as partes não diretamente envolvidas, mas com poder de impedir ou de interferir demais na implantação da solução. Conforme aumenta o valor do negócio, cresce também o poder do que chamamos de CONTEXTO, no qual coisas externas à negociação podem ter um impacto determinante na viabilidade de qualquer opção.

Além da necessidade de qualquer opção ser considerada legítima pelas partes da negociação, é necessário também ser admissível pela lei, o que às vezes é mais complexo do que aparece. A aceitação de uma opção no círculo de valor pode precisar de um aparecer do departamento jurídico, confirmando que não fere nenhuma lei aplicável, local ou internacional, ou que existem meios jurídicos previstos para lidar com as possíveis consequências adversas. O *compliance* como critério vai ainda um passo além, pois pode incluir mais exigências de ordem ética ou política da organização. De toda forma, o negociador que aceitar qualquer opção interessante precisa confirmar que esta é legítima, julgada pelos critérios relevantes.

Hora da Decisão e da Ação Correta

Após muito ter explorado o círculo de valor, chega um momento em que ambos os lados da negociação reconhecem que os interesses foram bem explorados, rendendo certas opções legítimas. Chegou a hora de decidir assumir um compromisso com o outro lado ou partir para sua melhor alternativa. De certa forma, ambos podem ser considerados um sucesso.

Compromisso

Sucesso! Houve um acordo, verbal ou por escrito. Quando se trata de uma negociação de ordem estratégica, é esperado que os líderes dos lados assinem pelo menos um memorando de entendimentos (MOU), que os advogados podem transformar num acordo legal em seguida.

Quando se trata de acordos de alto valor, há diversos detalhes aos quais o responsável pela negociação precisa prestar muita atenção. O primeiro é a redação do documento pelos advogados e a *não inclusão* de uma cláusula padrão no final do contrato que preveja em que tribunal uma eventual disputa deve ser julgada. Nós chamamos isso de "escorpião". A inclusão de uma cláusula padrão dessa natureza no final de contrato equivale a condenar seu colega como responsável pela implementação do acordo, com o risco de um litígio, totalmente desnecessário, que pode levar três anos ou mais para ser concluído e destruir todo o investimento feito por você em criar um bom negócio e um bom relacionamento com o outro lado.

Em vez dessa cláusula padrão, é recomendável a utilização de cláusula prevendo a *Alternative Dispute Resolution* (ADR), que estabelece, em caso de qualquer disputa, um processo, passo a passo, de renegociação, mediação, seguido de arbitragem ou, na pior das hipóteses, litígio.

Se seu suporte jurídico não souber redigir uma boa cláusula ADR, é melhor trocá-lo. Como construir uma boa cláusula de ADR e por que fazê-lo é visto no Capítulo 7.

O segundo cuidado na finalização de um compromisso no caso de uma negociação estratégica é a confirmação de que todas as questões importantes foram atendidas, pois, quando se trata de algo de alto valor, qualquer descuido pode produzir também altos prejuízos. Esse assunto é explicado em detalhes nos capítulos "Proposta de Valor" e "Gestão de Diálogo", sobre a preparação e a negociação de um valor estratégico, em que é aplicado o modelo 5H2W2C, que assegura que todas as questões importantes são devidamente contempladas. Essa é a melhor forma de assegurar que o COMPROMISSO assumido será, de fato, cumprido.

Alternativas

Sucesso! Sucesso?! Como? Sim, sucesso, não em termos de ter conseguido o objetivo da negociação, mas em termos de ter eliminado uma alternativa e de estar livre para prosseguir com outra. Isso é uma atitude madura para qualquer círculo de C-Level quando se trata de negociações estratégicas de alto valor. É bem melhor do que seguir em frente com compromissos baseados em interesses mal definidos, opções de qualquer jeito e resultados com legitimidade duvidosa.

Por isso, o primeiro item que examinamos neste capítulo foi a BATNA, que precisa ser definida antes de se começar a negociação e confirmada durante esta. As coisas mudam durante as semanas, os meses ou pelo tempo que a negociação estratégica durar, assim como a força da BATNA também pode mudar. Como veremos, dentro da equipe de negociação estratégica, existe um elemento, o estrategista, cujas responsabilidades incluem uma constante verificação da BATNA, desde o planejamento até a finalização na mesa de negociação.

Uma solução ao estilo Harvard

Por que o modelo de sete elementos ensinado em Harvard é tão divulgado? Por uma razão simples: funciona bem. Funciona bem em negociações de qualquer natureza política, social ou de negócios, quando os lados estão negociando com boa-fé, procurando a melhor solução para o seu lado e um bom relacionamento futuro com as outras partes. Funciona porque enfatiza a importância de maximizar os valores antes de dividi-los.

A solução ao estilo Harvard funciona perfeitamente bem quando aplicada às negociações estratégicas de alto valor, levando em consideração as motivações e caraterísticas dessa espécie de negociação. O modelo de Harvard serve perfeitamente bem, como veremos nos demais capítulos deste livro, como referência para negociações estratégicas de alto valor.

CAPÍTULO 3

GESTÃO DA LINHA DO TEMPO

Quando e Como Agir

No capítulo anterior, vimos a solução apresentada pela escola de Harvard para otimizar negociações de qualquer natureza, incluindo negociações estratégicas. Neste capítulo, daremos uma primeira olhada na gestão de linha de tempo, um dos fatores que diferencia o modo como esses princípios são aplicados em negociações em geral e em negociações estratégicas de alto valor. Negociações estratégicas se desenrolam durante meses, às vezes anos, e precisamos entender e gerenciar o que ocorre nessa linha de tempo para obter os melhores resultados.

Certa vez, em uma chamada com um potencial investidor nos EUA sobre um projeto no Brasil, ele me perguntou: "Marc, quanto dígitos?" Eu respondi: "Dez." E ele: "*We're in*" (Estamos dentro). Essa foi a expressão de interesse dele devido ao fato de que o projeto envolvia o valor de US$1 bilhão. A conclusão da negociação levou alguns meses, nos quais a gestão da linha de tempo foi um fator importante. A parte oferecida pela empresa de lá foi o "resseguro" exigido no edital de leilão da Telebras. A proposta de nossa cliente era de US$1,2 bilhão para a região de Brasília. No dia anterior ao leilão, descobrimos que o resseguro oferecido pela empresa norte-americana não servia. Procuramos por uma alternativa em todo o mundo, e apareceu uma na Espanha. Consigamos adiar o horário do leilão até quase as 11h da noite, para que nosso cliente pudesse chegar com o avião dele. Não deu certo, o tempo acabou. Mas nossa oferta teria sido a ganhadora. O "*success fee*" de nós três incidentemente era de 0,5% do valor de proposta. É curioso observar que um dos elementos de gestão de negociação estratégia menos estudado é a gestão da linha do tempo.

Tempo é o único recurso negociável que temos que não pode ser substituído. Armazéns, terras, energia elétrica, até reservas de capital podem ser substituídos. Já o tempo, quando ele se foi, não há mais o que fazer. Então, quando se trata de negociação estratégica, como será? O indivíduo responsável por qualquer negociação de alto valor precisa escolher entre gerenciar a linha do tempo ou ser perseguido por uma série de imprevistos capazes de reduzir o valor dos resultados e colocar o sucesso da negociação em risco. A história é repleta de exemplos disso, como veremos a seguir.

Neste capítulo, examinaremos a dinâmica entre "tempo" e "valor" na vida de toda organização e como isso pode impactar a vida dos executivos se não for bem administrado. Acontece, como veremos, que existem momentos nos quais algo insignificante aparece, ameaçando valores bem maiores, e, se você não está preparado para gerenciar a situação, ela é quem gerenciará você. Vamos ver como podemos nos preparar para a dinâmica entre tempo e valor.

Fundamental na gestão da linha do tempo em uma negociação estratégica é perceber que esse tipo de negociação é algo que acontece durante uma longa linha do tempo, seja durante semanas, meses ou até anos, e precisamos estar preparados para gerenciar o processo de negociação durante todo este tempo. Para isso, neste capítulo examinaremos cinco importantes passos que permitem otimizar resultados, cada um baseado nos passos anteriores. Quanto melhor gerenciarmos esses passos, melhor serão nossos resultados.

Um dos passos, *concluir*, envolve fatores de gestão de tempo particularmente importantes, pois é a fase em que é comum que negociações de alto valor comecem a entrar na Zona de Tensão, que pode facilmente influenciar ou determinar os resultados. É aqui que exploraremos o uso dos chamados *crunch* e *supercrunch* em tentativa de conseguir valores de última hora.

No fim das contas, além de ser parte do processo de negociação, o tempo pode ser algo negociável. "Se você nos der mais dois meses, podemos reduzir o preço em 2%." Há muito a ser visto sobre a gestão da linha do tempo em negociação de alto valor. Vamos começar.

Tempo *versus* Valor

Qual é o relacionamento entre tempo e o valor das coisas, e como isso afeta o modo como a alta gestão lida com tais coisas e negocia sobre elas? Geralmente, organizações de porte maior, do tipo que se envolve em negociações estratégicas, têm toda uma estrutura de diretores, gestores, subgerentes etc., que trata de produção, distribuição, vendas etc. O modo como se entrega o produto ou serviço ao cliente final depende muito do valor e do tempo disponível para isso, variando desde um produto dispensado por uma máquina no corredor de um prédio a um automóvel vendido por alguém especializado no assunto. Em tudo isso, o valor e o tempo disponível são fatores determinantes na forma em que a atividade é realizada, porém, nem sempre a alta administração se envolve diretamente, exceto em certos casos.

A Dinâmica de Tempo *versus* Valor

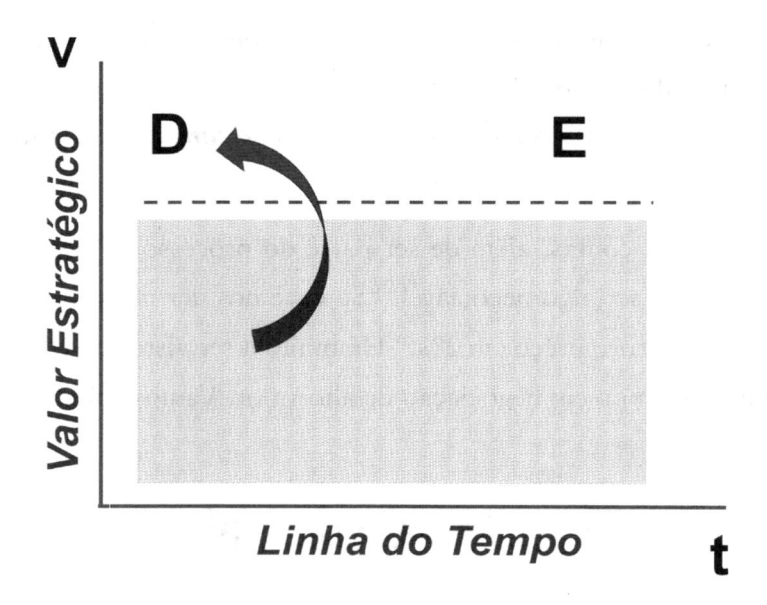

Altos valores estratégicos são administrados diretamente pela cúpula da organização, representados na figura acima da linha traçada, e as negociações de ordem estratégica são indicadas pela letra E, sendo tanto de alto valor quanto alta no índice de tempo. Evidentemente, são atividades reservadas para a alta gestão da organização.

Existem, no entanto, outros assuntos que intitulamos como **D** e que às vezes aparecem inesperadamente e também demandam a atenção (e o tempo) da alta gestão da organização. São eventos que ocorrem no nível operacional e que podem causar grandes danos se não forem resolvidos rapidamente e que exigem a ação de alguém da alta cúpula, com poder de decisão. A lista de potenciais causas é virtualmente infinita, desde a ameaça de uma greve à falta de uma peça na linha de produção ou o anúncio da falência do único fornecedor de algo importante. Depois disso é que se tenta descobrir os culpados. Neste momento, se o problema não for resolvido a empresa parará, e o prejuízo será astronômico. O valor estratégico é alto, e o tempo é curto. É um **D** (de "Diabo").

Citamos essa relação entre a linha do tempo e o valor estratégico das coisas para enfatizar que, enquanto existem muitos tipos de negócios e negociações na organização, e a gestão de todos é sempre importante, apenas as de tipo **E** (de "Estratégica") têm essa dupla qualidade de ser de alto valor e cuja resolução não é urgente. São da categoria apropriada para uma negociação estratégica. O **D** é simplesmente uma potencial realidade na vida de qualquer organização, mas uma que todo executivo precisa estar preparado para enfrentar. Quando acontece, o VP tem que sair de escritório, ir aonde tem que ir e tomar as decisões que devem ser tomadas. Mas é muito importante que haja alinhamento entre ela ou ele e os outros do círculo de liderança, como veremos.

Os Cinco Passos da Negociação Estratégica

Negociar é um processo. Tem início, meio e fim e, como tal, tem uma linha do tempo que precisa ser gerenciada de forma racional e eficaz para que se consigam bons resultados, particularmente quando se trata de negociações estratégicas de alto valor. O sucesso de qualquer negociador executivo depende, em grande parte, de sua habilidade de gerenciar o tempo ao longo da linha do tempo da negociação. Sendo uma atividade em tempo real e que exige intercâmbio constante com o outro lado, o líder de negociação precisa de uma ferramenta simples e consistente para organizar seus pensamentos e suas ações durante todo o processo.

Existe um universo praticamente ilimitado de táticas e estratégias que podem ser aplicadas em qualquer negociação, em qualquer momento, como também muito aplicativos e softwares disponíveis para ajudar líderes de projetos a gerenciar o progresso de seus projetos. Mas, para planejar e gerenciar a linha do tempo de uma negociação de valor estratégico, há cinco passos consecutivos que precisamos focar. Cada um desses cinco passos serve como fundação para o próximo.

O Processo Estratégico de Negociação

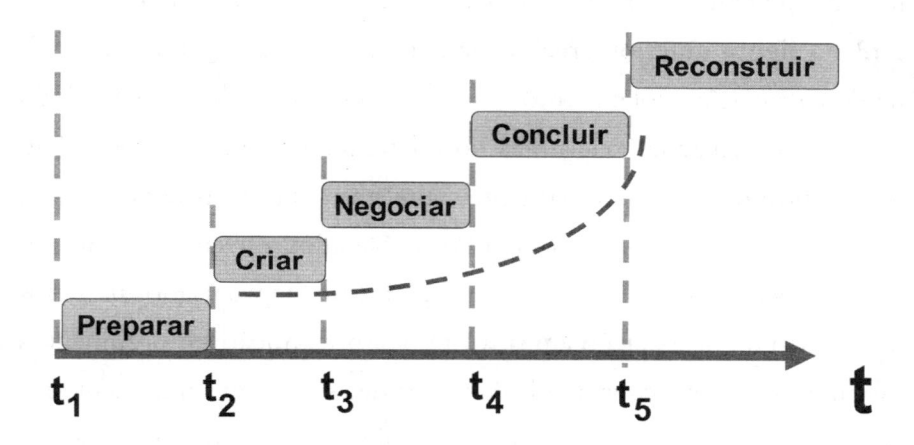

Quem não *prepara* bem, contando com sua intuição, está convidando uma subotimização dos resultados. Harvard nos ensina a *criar valor* antes de dividi-lo, assim, na hora de *negociar*, temos algo mais interessante para dividir, mas precisamos de muito cuidado na hora de *concluir*. Finalmente, temos uma fase muito negligenciada, mas que custa pouco e pode render muito: *reconstruir*. Vale a pena ver cada uma mais de perto. Como veremos, o modo como gerenciamos cada uma dessas fases na linha do tempo tem impacto nos resultados de uma negociação estratégica.

Prepara, prepara, prepara

A alocação de tempo e recursos para esta fase muitas vezes é inadequada, pois é a fase que, em grande medida, determina o sucesso ou o fracasso de tudo o que se segue.

Planos e planejamento são duas coisas distintas. A maioria dos planos para a negociação evapora nas primeiras horas após os negociadores se sentarem à mesa, mas a preparação, não. Quanto maior o risco, maior a demanda por uma preparação cuidadosa. O tempo entre $t1$ e $t2$ na figura anterior precisa ser suficiente para organizar a equipe de negociação, coletar informações necessárias sobre o outro lado e juntar informações relevantes do contexto/cultural. E é necessário tempo para refletir sobre estratégias alternativas para as demais fases. Argumentos sólidos baseados em fatos coletados antecipadamente geralmente valem muito mais do que argumentos improvisados nascidos da pressão da negociação em si. Com boa preparação, os argumentos são mais fortes, e a capacidade de tomar decisões bem fundamentadas se fortalece. Por isso, dedicamos o Capítulo 5 a tudo o que é necessário para planejar bem uma negociação estratégica.

Crie valor antes de negociá-lo

A segunda fase ocorre na mesa de negociação e se refere ao tempo necessário para construir empatia e confiança a fim de explorar adequadamente interesses na busca de novas opções capazes de aumentar o valor total da negociação em si. Isso requer paciência, perseverança e disciplina, pois é fácil para a ansiedade assumir um papel destrutivo que limita o valor. Aqui aplicamos todos os conceitos do chamado modelo de Harvard, com a distinção de que, no caso de uma negociação estratégica, esta é realizada por esforço de uma equipe preparada para este fim, conforme demonstrado nos capítulos 5 e 6. O princípio, no entanto, é o mesmo. Maximizar o valor antes de dividi-lo. A subalocação de tempo para essa fase garante a subotimização dos resultados. É algo que o líder de negociação precisará julgar em tempo real.

Negocie firmemente, mas mantendo o relacionamento

Não obstante a ênfase dada anteriormente, cujo objetivo é alocar o tempo necessário para criar valor, há um momento em que o negociador precisa passar o foco para a conquista do melhor conjunto de negociáveis para o seu lado. Quando se fala em negociações estratégicas de alto valor, o *empowerment* do líder da negociação, seu alinhamento com a fonte de poder em sua organização, torna-se um fator fundamental para os melhores resultados, conforme elaborado em maior detalhe no próximo capítulo. A negociação estratégica traz uma série de considerações de maior complexidade relacionadas ao contexto e à cultura da organização que pode apresentar várias restrições relacionadas ao *compliance* e a outros valores.

De particular importância nesse momento em negociações de alto valor é salvaguardar um bom relacionamento com o outro lado, tanto como com outros relacionados a ele, mantendo a assertividade necessária. Lembramos que isso pode impactar sua imagem e a do *brand*.

Concluir — com cuidado, claramente e de forma positiva

Na negociação estratégica, há muito mais envolvido no fechamento do que simplesmente escolher entre assinar um acordo *versus* um educado apertar de mãos antes de voltar para a sede para explicar, *para todos*, por que a negociação não deu certo.

Existe uma ampla gama de táticas de poder que frequentemente são usadas na hora de concluir, para tentar fazer o outro lado abrir mão daquilo que quer e, talvez, precise. É quando as "linhas vermelhas" são testadas, pois, na prática, virtualmente tudo é negociável, dependendo de circunstâncias. Ou não? Nesse momento, o líder precisa estar preparado para surpresas, inclusive propostas que não foram reveladas antes, apesar de todo esforço na busca de interesses e opções. A boa preparação de uma proposta de valor (Capítulo 5) e o apoio de uma boa equipe são fundamentais nessa hora. Outro fator que às vezes aparece nesse momento é a "facilitação", direta e indireta: a) um depósito em uma conta no exterior ou b) a promessa de uma posição na diretoria da nova empresa. Falamos mais sobre isso na *Compliance* Sustentável, no último capítulo. Devemos mencionar também que, quando a negociação é conduzida no exterior, a gestão da linha do tempo pode ser complicada devido a uma série de fatores, tratados no capítulo "Além das fronteiras".

Reconstrua a relação

Você encerra as negociações, seja com um documento assinado, seja com uma retirada diplomática e bem-educada, e acabou. Nem tanto. Durante qualquer negociação de alto valor, é praticamente inevitável que haja momentos de tensão, às vezes momentos difíceis. De um lado, a assinatura de um acordo não garante, por si só, que este será cumprido conforme as expectativas dos líderes de cada lado, por mais bem escrito que seja o documento. Você precisa da boa vontade do outro lado para o sucesso total. Existem, inclusive, algumas táticas que podem ser utilizadas para este fim, tais como "o brinde". Isso consiste em identificar algum pedido de baixo valor feito pelo outro lado, mas você não cede. Após fechado o acordo, na hora de elaborar o documento, você cede gratuitamente como uma indicação de boa vontade, um brinde ao novo relacionamento.

Quando não há acordo, o outro lado ainda mantém a capacidade de degradar ou elevar a imagem de sua organização no mercado, bem como sua imagem profissional pessoal. A indicação de disponibilidade de ajudar o outro lado com qualquer coisa, sem custo, pode render um ativo, um relacionamento de valor no futuro.

Reconstruir é um processo muito rápido e simples e que envolve demonstrar respeito pelo outro lado. Muitas vezes, requer apenas alguns minutos e pode ter um valor considerável na construção de confiança e na facilitação de futuras negociações. A missão do executivo é simplesmente reservar o tempo necessário para reconstruir a relação de forma diplomática no final da negociação.

A Zona de Tensões

Quando falamos de gestão da linha do tempo, existe um momento que merece especial atenção: o momento de decisão dentro da fase concluir. Durante toda a negociação, desde definir a BATNA, cada lado tem, grosso modo, uma visão do que quer e de seu limite, além do qual não dá para ceder mais. Durante toda a negociação, nos seguramos no que queremos, sabendo que existe um limite de tempo, e, quando nos aproximamos desse momento, se o outro lado ainda não concordou, teremos de ceder em algo para poder achar uma conclusão positiva. Entramos na zona de tensões, que é, no mínimo, desconfortável. Nesse momento, contamos com a autogestão e, no caso de negociações de alto valor, temos a gestão de toda a equipe.

Gestão da Zona de Tensões

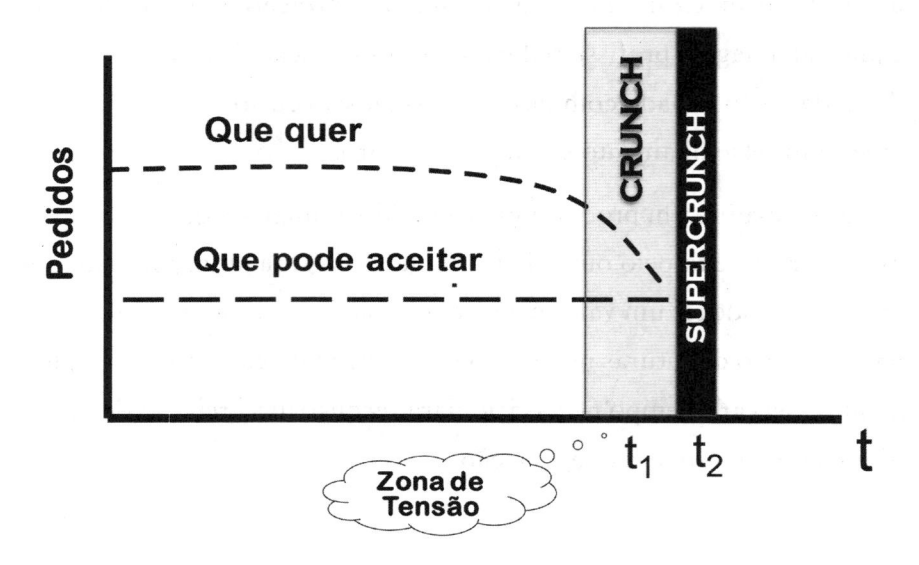

[Gráfico: eixo vertical "Pedidos", eixo horizontal "t"; curva superior "Que quer" descendente, linha inferior tracejada "Que pode aceitar"; faixas verticais "CRUNCH" em t_1 e "SUPERCRUNCH" em t_2; nuvem indicando "Zona de Tensão"]

Uma das maiores armadilhas em negociações baseia-se na teoria de que, quando há muito em jogo, o negociador deveria seguir assertivamente até o final para ver quem pisca primeiro. Chamamos isso de *"crunch"*. Um exemplo clássico disso ocorreu quando a Inglaterra estava negociando sua saída da União Europeia, o BREXIT, o que tinha prazo fixo para ocorrer. Se o prazo não fosse respeitado, a saída seria "sem acordo", com resultados ruins para todos. A primeira-ministra britânica na época, Theresa May, retornou ao parlamento britânico após dezoito meses de negociações difíceis com seus homólogos da União Europeia, com um acordo recém-negociado e uma posição clara de "pegue ou deixe", pois "é o que eu posso conseguir". Ela havia passado pela zona de *crunch*, chegando ao limite do que poderia aceitar.

A resposta do parlamento foi "volte atrás e faça-o novamente", e isso com menos de dois meses de prazo, o que foi considerado por muitos como algo desastroso (tanto para o Reino Unido quanto para a UE). Assim, a "Dama de Ferro", como a primeira-ministra era conhecida, tentou colocar seus pôneis na linha e retornou a Bruxelas, onde foi recebida essencialmente com uma posição de "já dissemos que não". Faltando menos de dois meses para o prazo, ainda não havia acordo. Todas as partes estavam fazendo pequenas concessões que juravam que nunca fariam, mas isso ainda estava longe de ser suficiente para se obter um consenso para um acordo. Nas últimas horas, uma extensão do prazo foi relutantemente concedida e recebida, empurrando, assim, tudo para além do prazo sagrado, entrando no território do que chamamos de "*supercrunch*". Houve um suspiro de alívio por parte de todos, apesar do fato de que a condição para a prorrogação era equivalente a "Agora vocês, ingleses, têm tempo para encontrar uma maneira de concordar com nossa proposta". A partir daí, a renúncia de Theresa May e os eventos subsequentes, com um novo primeiro-ministro, Boris Johnson, são parte da história.

Em negociações estratégicas, é bastante comum encontrar situações similares à do BREXIT, com uma das partes na zona de tensão tomando uma posição de "Essa é a nossa oferta final!" como tática de *crunch*, para forçar uma concessão do outro lado, em uma fase de crise. O risco, claro, é o de que o outro lado diga "Não!", colocando a parte que propôs em uma posição de escolha entre terminar a negociação ou encontrar uma maneira de continuar com um dano mínimo à sua credibilidade, ou seja, entrar na zona de *supercrunch*.

Em termos gerais, podemos dizer que a diferença entre os dois, *crunch* e *supercrunch*, é que o primeiro é uma tática de negociação, enquanto o segundo é o que acontece quando a tática dá errado e não é mais gerenciável. Nessa transição, é bem possível ver executivos a caminho do aeroporto sendo chamados de volta com uma concessão de última hora na tentativa de salvar o acordo. Chamamos isso de *pânico*. No caso de negociações estratégicas de alto valor, os resultados do uso malsucedido do *crunch* podem variar: negociadores executivos são substituídos, prazos são atrasados (com custos), ou um sem acordo é declarado (muito provavelmente sem necessidade), envolvendo perdas para ambos os lados. Algumas alternativas mais interessantes sobre como lidar com o *supercrunch* são examinados no final do capítulo "Gestão de diálogo".

O conselho deste autor, ao se enfrentar a zona de tensão, é evitar táticas do tipo *crunch*, que pode facilmente se tornar *supercrunch*. A alternativa está na fase *criar* quando puder, desde a abertura, e propor que a meta seja encontrar uma solução que seja boa para todos os lados. Se houver um compromisso verbal a esse princípio no início, no mínimo fortaleça a pergunta "Por que isso seria bom para nós?"

Conclusões sobre a Gestão da Linha do Tempo

Existe um momento no qual executivos de C-Level são obrigados a pessoalmente assumir negociações importantes de alto valor, conforme foi ilustrado na dinâmica de valores estratégicos *versus* tempo, porque são coisas que precisam ser decididas rapidamente, tipo **D**, ou porque são casos que podem ser planejados e atacados de forma estratégica, tipo **E**. O restante deste livro trata de segunda categoria, para a qual precisamos gerenciar o processo por fases. Recomendamos o uso de cinco fases, cada um aproveitando os resultados da fase anterior. Mas, quando chegamos à fase de concluir, é comum que entremos em uma zona de tensões, em que o gerenciamento de atitudes e ações dos participantes pode se tornar mais complexo.

Para evitar o uso indevido de táticas do tipo *crunch* e *supercrunch*, dois fatores são necessários. O primeiro é o compromisso, de ambos os lados da mesa, de que a solução precisa ser aceitável e boa para *todas as partes* envolvidas. O segundo é evitar pressões indevidas daqueles que *não* estão na mesa, permitindo, assim, que quem está negociando preserve relacionamentos que serão de grande valor no futuro. Para isso, os executivos de ambos os lados devem estar bem alinhados com a fonte de poder de decisão de seu lado. Precisam ser *empowered*, algo de que trataremos no próximo capítulo.

CAPÍTULO 4

EMPOWERMENT DA LIDERANÇA

Alinhamento de Poder

A EXPRESSÃO *EMPOWERMENT* É MUITO UTILIZADA NO MUNDO corporativo. É comum que executivos de C-Level que já tenham participado de algum curso de liderança usem a expressão, e há dezenas de livros com a palavra no título. De fato, existem palavras na língua portuguesa, tais como fortalecimento, autoridade, autonomia etc., que são traduções para *empowerment*, mas nenhuma tem a força da palavra em inglês. De qualquer forma, atualmente o termo *empowerment* já está bem incorporado no vocabulário da maioria dos executivos de C-Level no Brasil.

Quando associamos a palavra *empowerment* ao papel de um líder de uma negociação estratégica, está implícito que alguém com o poder de tomar as decisões necessárias o transferiu para o líder de negociações. O problema é que o outro lado precisa acreditar que o *empow-*

erment é efetivo, e isso depende de uma ampla gama de circunstâncias que não são nada óbvias. Depende de um alinhamento não apenas entre o líder de negociação e seu chefe, mas entre toda a hierarquia da organização e a sua própria cultura organizacional. É um tema complexo, por isso este capítulo é indispensável para quem quer assumir a responsabilidade de liderar uma negociação estratégica de alto valor.

O objetivo deste capítulo é ajudar o leitor a compreender toda a gama das implicações do efetivo *empowerment* de um líder de uma negociação estratégica para poder alcançar sucesso, para a negociação, para a organização que ela ou ele representa e para si mesmo. Evidentemente, para esse *empowerment* ser, de fato, efetivo, é necessário que o outro lado acredite que as decisões do negociador serão respeitadas e implementadas, e isso depende de muito mais do que o simples alinhamento entre o negociador com seu chefe. Quando falamos de negociações de alto valor, alto mesmo, normalmente a pessoa indicada como responsável para a negociação é um executivo que responde a alguém no círculo de C-Level, às vezes o próprio CEO. Mesmo assim, muitas vezes existe, por trás desse indivíduo, um grupo de pessoas, interesses de acionistas, ou alguma família que influencia diretamente o poder na organização. Por isso, nosso objetivo inclui ajudar o leitor a considerar as dinâmicas de *empowerment* na cúpula de sua organização, onde sua efetividade como negociador está amarrada. Existem implicações que se estendem à cultura da organização, ao *compliance* e à imagem do *brand* que precisamos ver e entender.

Na prática, o sucesso de qualquer negociação estratégica depende diretamente da confiança que as partes na negociação têm de que o

EMPOWERMENT DA LIDERANÇA

combinado, o acordo final, de fato acontecerá, e isso depende diretamente da visão que o líder do outro lado da mesa tem de sua autoridade ou poder (e dele mesmo) de efetivamente assumir os compromissos sendo discutidos. O acordo, o contrato, o documento assinado no final, só tem credibilidade se as partes acreditam que o assinante do documento está de fato *empowered* para assumir aqueles compromissos e que a fonte de poder à qual está ligado também. Dúvidas sobre isso podem resultar em um dos lados pedindo a inclusão de alguém (um chefe) com os devidos poderes, ou na simples desistência da negociação. Evidentemente, um evento desse seria péssimo para o indivíduo encarregado de liderar a negociação, bem como para todos os envolvidos. A credibilidade de *empowerment* do líder de negociação precisa ser clara e confiável, desde o início até o final. Por isso, dedicamos este capítulo ao *empowerment* e à liderança necessária para assegurar que o executivo responsável pela negociação estratégica o tenha.

Começaremos examinando o *empowerment* do negociador estratégico e como podemos obter o alinhamento necessário para isso. Em seguida, podemos considerar as implicações desse *empowerment* quando se trata de uma organização dominada por uma família, o que é muito comum no Brasil quando se fala em negociações de alto valor. Depois examinamos o caso de negociação fechada, celebrada, seguida por um grande problema não previsto e o que isso tem a ver com uma falha no *empowerment*. Assim, examinamos o alinhamento do C-Level, se as implicações para seu *empowerment* em negociações estratégicas e como o alinhamento circular no C-Level contribui para o *empowerment* do próprio C-Level.

O *Empowerment* do Negociador

O poder de liderar uma negociação estratégica e de tomar decisões sustentáveis começa com o grau de seu alinhamento com a fonte de poder na organização que representa, que pode ser o CEO ou qualquer membro de círculo de C-Level. A questão é como definir esse alinhamento de forma sólida e comunicar isso de modo convincente para o outro lado em uma negociação.

Quando acontece de o negociador ser parte da família controladora da organização, o grau de alinhamento é naturalmente considerado alto, portanto, a sustentabilidade do acordo será alta. Quando, por outro lado, se trata de uma empresa de capital aberto, ou mesmo quando o negociador não é um dos sócios maioritários, a credibilidade deste depende da clareza de seu relacionamento com o centro de poder da organização, ou seja, de seu alinhamento com o poder. Qualquer falta de clareza com relação a esse alinhamento pode levar a que o negociador, em um momento de estresse, ouça do outro lado algo como: "Se você não tem o poder de aprovar isso, quem na sua organização tem?" Ou, quando houver dificuldades para concluir o acordo, no final ele ouve: "Bom, uma vez que não estamos conseguindo chegar a um acordo sobre esta proposta final, vamos chamar os chefes e deixá-los decidir." São frases que não devem aparecer se o alinhamento, *empowerment*, do negociador está claro para todos.

Existem algumas coisas que um líder de uma negociação estratégica pode fazer desde o início para demonstrar que está bem alinhado com a fonte de poder em sua organização e, portanto, plenamente *empowered* para tomar as decisões necessárias. Uma forma seria providenciar um breve encontro prévio entre os presidentes de ambos os lados, no qual seu CEO deixará claro que você está plenamente *empowered* para tomar decisões sobre o assunto. Evidentemente isso deve ser combinado antes, para evitar um mal-entendido com efeito bumerangue.

Outra providência seria entregar um documento no início das negociações, assinado pelo CEO ou alguém de autoridade, declarando que, como representante exclusivo da organização na questão, você tem plenos poderes de decisão sobre o assunto. A efetividade dessa abordagem, no entanto, depende muito da cultura do outro lado e do relacionamento entre os dois lados da negociação.

Resumindo, a credibilidade do *empowerment* do negociador para as pessoas no outro lado da mesa depende da visão delas sobre o grau de alinhamento do negociador com a fonte de poder na organização e sobre a confiabilidade daquela fonte de poder. Quando se trata de uma organização familiar, tudo depende da imagem da família. Em todos os casos, para você ter credibilidade e ser levado a sério como negociador estratégico de algo de valor, é importante que a organização que você representa tenha uma cultura de *empowerment* de seus representantes que não deixe dúvida de que o que for acordado por seus negociadores autorizados será implementado. E, para atingir esse nível de confiança, é necessário que a liderança da organização invista também no alinhamento dos Cs no C-level.

Empowerment em uma Empresa Familiar

Existe uma certa distinção entre negociações estratégicas de alto valor no ambiente de empresas de capital aberto e empresas controladas por familiares. Em empresas de menor porte, frequentemente o líder de negociação é o próprio dono da empresa e, obviamente, tem o poder de tomar qualquer decisão. A credibilidade do acordo depende apenas da credibilidade do indivíduo. Porém, no Brasil, como em muitos outros países, muitas empresas de grande porte são controladas por famílias. No Brasil, sem contar os bancos, dez empresas familiares faturam mais de US$100 bilhões por ano,[1] e dificilmente alguém da família se envolve diretamente em negociações de ordem estratégica. Essa tarefa é delegada a algum executivo de confiança, como você. Por isso é importante que o líder de uma negociação estratégica compreenda a dinâmica da influência da família na negociação, tanto de seu lado como do outro.

Como veremos mais adiante, no capítulo sobre como preparar uma proposta de valor, a coleta de informações sobre o poder de decisão do outro lado é responsabilidade de alguém preparado para isso e que chamamos de "estrategista". Tais relacionamentos nem sempre são óbvios e requerem pesquisa cuidadosa.

Olavo Setúbal foi um dos fundadores do Banco Itaú, mas a tarefa de descobrir o relacionamento efetivo entre a família Setúbal e o banco atualmente não seria uma tarefa trivial.

Uma negociação que conduzi como gerente-geral de automação de processos industriais no Grupo Industrial Villares exemplifica a dinâmica entre relacionamento familiar e negociações de alto valor. O objeto da negociação era o fornecimento de um sistema de automação industrial para a nova fábrica de alumínio da Votorantim. Na época, eu

---

[1] Revista *Forbes Brasil*, dez maiores bilionários brasileiros em 2021.

nunca havia tido qualquer aula sobre a arte de negociar, muito menos tinha lido algum livro sobre o assunto. Por outro lado, a equipe que eu liderava era muito boa, treinada na Honeywell Corporation, em Phoenix, Arizona. Do outro lado da mesa, o negociador da Votorantim era um jovem com menos de 30 anos, sempre acompanhado por um indivíduo sênior que nunca falou uma palavra. Foi só ao final da negociação que descobri que o jovem era o filho de Antônio Ermírio de Moraes, presidente do Grupo Votorantim na época, e que o homem mais velho era um confidente do presidente. Para a família, um dos objetivos de negociação era a preparação do jovem para assumir uma posição de liderança do grupo.

Quando se vai além das fronteiras do Brasil, a influência do fator família pode assumir outras dimensões. O negociador líder do outro lado, em uma mesa de negociações em Londres, é fluente em inglês britânico, com MBA em Oxford, e mora na melhor parte do bairro de Soho. Ele é muito agradável, porém, reporta-se para o pai dele na Arábia Saudita, que é um muçulmano rígido, bilionário e que tem compromissos com outros de mesmo pensamento. Na prática, o poder de decisão do filho pode ser bastante limitado. Nesse caso, o líder da negociação do lado brasileiro precisa ser cauteloso e entender os limites de *empowerment* do negociador do outro lado da mesa. E é altamente aconselhável que o líder de negociação brasileiro tenha alguém em sua equipe fluente no árabe da Arábia Saudita. O mesmo tipo de conselho se aplica quando se fala em negociar com alguém da Coreia do Sul.

Resumindo, os executivos que tipicamente lideram negociações de ordem estratégica não são os donos ou acionistas controladores das empresas nem membros das famílias controladoras. São executivos de confiança de quem de fato detém o poder nessas organizações. O que importa é o grau de alinhamento entre a fonte de poder e o executivo. Por isso, é importante que você, como responsável por uma negociação estratégica, tenha uma visão o mais clara possível de qualquer relacionamento familiar que esteja atrás da cortina e que influencie ou dite as decisões. E isso se aplica tanto ao seu lado da mesa quanto ao outro lado.

Negócio Fechado — O Problema Não

Todo negociador precisa ter credibilidade. O outro lado precisa acreditar que aquilo que está sendo combinado de fato será feito. Do contrário, estará perdendo tempo. Quando se trata de algo de baixo valor, a importância dessa credibilidade é relativamente baixa, pois qualquer erro afeta mais a reputação da pessoa do que a organização para a qual trabalha, pelo menos se for uma ocorrência isolada. Mas, quando se trata de um valor alto, de algo estratégico, afeta não apenas a reputação da pessoa, mas também a imagem e a marca da organização, e isso é algo muito sério. É um problema.

Uma coisa comum em negociações estratégicas é o líder de negociação conduzir o processo, que às vezes leva semanas ou meses, para ao final concluir com um acordo bem escrito com o apoio dos advogados dos dois (ou mais) lados. Acontece que a implementação do acordo pode também levar semanas ou meses, e quem fará isso não são necessariamente as mesmas pessoas que trabalharam todo aquele tempo para alcançar o acordo. Normalmente, o documento de acordo é bem escrito pelos advogados das partes, com penalidades bem descritas que cobrem o não cumprimento de qualquer aspecto de acordo. Isso se aplica a todos os lados envolvidos, menos aos *stakeholders*, que não estão na mesa e normalmente nem são consultados. Assim, é comum que os líderes das partes celebrem o ato do acordo e em seguida entreguem a implementação a outros gestores de sua organização, e nem sempre essas pessoas fizeram parte de equipe na mesa de negociação. A construção de um bom relacionamento entre os executivos durante as negociações, conforme encouraçado pela abordagem de Harvard, pode ser muito útil em facilitar a implementação de acordo depois, mas nem sempre isso acontece. Pode haver uma *descontinuidade de relacionamento* na fase de implementação do acordo, e isso pode, novamente, ser um problema.

O resultado às vezes é que, depois de algum tempo o diretor de importações, ou de manufatura, ou mesmo de marketing, percebe que o custo de implementação do jeito que foi acordado é alto demais ou simplesmente impraticável. O líder da negociação — que nesse momento já assumiu o escritório do grupo em Hong Kong ou aceitou um novo emprego em um concorrente — não está disponível, e o outro lado do acordo não aceita a mudança de contrato. Bons advogados hoje em dia são treinados para evitar litígio, mas isso depende das pessoas do outro lado, e, quando se segue o caminho do litígio, sabemos que o processo pode levar três ou mais anos para ser resolvido. O custo direto e indireto de uma boa briga pode ser muito alto, ainda sabendo que, na média, 50% dos casos de litígio são perdidos.

Um exemplo do que pode acontecer seria o caso das empresas Alpha e Beta, que se juntaram em uma *joint venture* para desenvolver o mercado para o novo produto Y na região sul do Brasil. Os negociadores, Luís, da Alpha, e Marcos, da Beta, são bem *empowered* para a missão e, após alguns meses de planejamento e negociação, chegam a um acordo. Havia muitas coisas que poderiam dar errado nesse período, mas o fato de que os dois acreditavam no *empowerment* do outro ajudou ambos a aceitar os compromissos sendo assumidos. O acordo finalizado por Luiz e Marcos determinava que a *joint venture* deveria, por um lado, aproveitar o conhecimento de Alpha sobre compras de material bruto nas fazendas de São Paulo e, pelo outro lado, a bem conhecida marca de Beta para venda e distribuição de produtos na região sul. Alpha seria responsável pelo transporte de produto bruto da fábrica de Beta, em Curitiba, onde as grãos seriam assim empacotados e vendidos, aproveitando a bem reconhecida marca de Beta. Os dois executivos celebraram o novo acordo, com Luiz transferindo a gestão da entrega de grãos para seu gerente, e Marcos, a responsabilidade operacional do acordo em Curitiba para Sara, a gerente de fábrica de Curitiba, e Eduardo, o gerente de vendas e marketing. Negócio fechado. O Luiz, da Alpha, foi promovido e transferido para a sede no Rio de Janeiro, e o Marcos, da Beta, aceitou uma posição de trabalho com fazendeiros no Canadá. Seis meses depois, Luís, lendo o jornal da manhã, descobriu que a Beta está processando a Alpha por não cumprir seu lado no contrato de JV. Negócio fechado, o problema não.

Os executivos negociadores celebram, o *negócio está fechado*. Luís, da Alpha, foi promovido e transferido para a sede no Rio de Janeiro, e Marcos, da Beta, aceitou uma posição trabalhando com fazendeiro no Canadá. Seis meses depois, Luís, lendo o jornal de manhã, descobre que Beta está processando Alpha por não cumprir seu lado do contrato de *joint venture*. *Negócio fechado, o problema não.*

Para evitar possíveis desastres na implementação de acordos estratégicos, é vital entendermos a natureza do *empowerment*, e para isso precisamos entender de onde vem o poder de tomar decisões com a credibilidade de que aquilo que está sendo combinado acontecerá. Isso pode variar consideravelmente com base na cultura dos negociadores, mas, acima de tudo, depende da cultura da organização que o negociador representa.

O Alinhamento do C-Level

Como indicamos antes, mais importante do que qualquer declaração ou documento que afirme o *empowerment* do líder de uma negociação, ou seu alinhamento com qualquer membro de C-Level, é a própria organização ter uma cultura de alinhamento que reforça o *empowerment* de seus executivos designados para liderar negociações importantes. O outro lado da negociação já sabe, pela reputação da cultura organizacional, que alinhamento e *empowerment* fazem parte da mentalidade da organização. Isso não é comum e certamente não é facilmente alcançado.

Alinhamento *Kingpin*

É comum que periodicamente as organizações façam exercícios focados em alcançar melhor alinhamento dos executivos que fazem parte do círculo de liderança com certos valores e planos da empresa. Muitas vezes, são programados finais de semanas em lugares agradáveis, promovidos pelo RH e coordenados por um facilitador externo, neutro, profissional e que conhece bem as técnicas para esse tipo de evento. Evidentemente, cada participante tem seus interesses e suas metas individuais, muitas vezes relacionados a seu bônus e à sua careira na organização. O objetivo do evento, no entanto, é a definição de certas questões-chave, do tipo visão, valores, metas, tecnologia, território, *accountability*, investimentos, *compliance* etc., e dar a cada indivíduo uma oportunidade de expressar sua opinião e, ao final, seu apoio. Acontece que atualmente existe a grande tendência de organizações passarem por um processo de alinhamento no qual ideias e opiniões são expressas com autocensura, para se encaixar nas ideias do CEO e não haver risco de desagradá-lo.

O problema com esse tipo de alinhamento é que ele tende a ser *top down*, de cima para baixo, com as ideias do CEO predominando por completo. É o que eu chamo de modelo "*Kingpin*", no qual tudo, incluindo o *empowerment* de qualquer negociador, é definido pelo CEO. Em inglês, a expressão "*Kingpin*" se refere a qualquer pino, normalmente de aço, que seja utilizado para segurar uma séria de coisas juntas, como uma locomotiva e seus vagões. Quando se puxa o pino, tudo solta. No caso de uma negociação estratégia, é fácil para todos na mesa reconhecerem quem é a fonte poder, ou seja, quem manda. O desafio é entender qual é o alinhamento do executivo responsável pela negociação com o *Kingpin* e se existem caminhos alternativos para chegar lá, se for necessário. Pessoalmente, descobri logo na carreira que um bom relacionamento com a secretária do CEO pode valer ouro.

Não há dúvida de que muitas organizações gerenciadas de forma *top down*, de cima para baixo, sejam bem-sucedidas, pelo menos enquanto a liderança do CEO for bem-sucedida. Decisões são tomadas com rapidez, e qualquer executivo que não se sinta confortável com isso acaba saindo da organização de uma forma ou de outra. O problema é quando o líder, o *Kingpin*, deixa de ser presente por qualquer razão. Nesse caso, os resultados podem ser desastrosos.

Nos anos 1960, John Francis "Jack" Welch Jr. foi contratado pela empresa General Electric (GE), nos Estados Unidos, como engenheiro químico. Ele era talentoso e gradativamente subiu a escada corporativa, até que em 1981 assumiu o cargo de liderança como CEO. Durante os vinte anos seguintes, o valor de mercado de GE passou de US$12 bilhões para US$410 bilhões. Muito foi escrito sobre o fenomenal sucesso de Jack Welch nesses anos, menos sobre o que aconteceu quando ele saiu. Acontece que o novo CEO, indicado por Welch, iniciou uma série de decisões desastrosas, até que em 2018 levou a que o valor da empresa fosse apenas uma fração de seu valor na alta de Welch. Foi um mal investimento atrás do outro, com a empresa sendo obrigada a vender seus ativos com grandes prejuízos. Jack Welch saiu bem; a GE, muito mal.

Essa é a principal dificuldade com o modelo *Kingpin*. Quando o CEO tem sucesso, a organização é bem-sucedida. Porém, quando o bem-sucedido CEO sai, por qualquer razão, fica um vácuo, e há o risco de que a organização caia em desordem, pelo menos até que ela a) encontre outro líder bem-sucedido ou b) mude para uma outra forma de alinhamento de círculo de liderança, mais sustentável.

Indivíduos acostumados a seguir ordens e valores dos outros às vezes demoram para ter iniciativa. Nesse quadro, qual é a fonte de poder com a qual o responsável por uma negociação estratégia deve estar alinhado e qual é a credibilidade desse alinhamento para as pessoas no outro lado da mesa? É algo que deve ser resolvido rápido. No caso da GE, levou mais de dez anos. A alternativa é uma forma de alinhamento que não dependa de nenhum *Kingpin*.

Alinhamento circular

Uma alternativa para o alinhamento de C-Level de tipo *top down* é aquilo que podemos chamar de *alinhamento circular*, sustentável. É um processo pelo qual todos os membros de C-Level e outros executivos-chave trabalham em conjunto até alcançar um acordo sobre o alinhamento de questões-chave da organização. Isso não é um trabalho de fim de semana, pois pode levar semanas ou mais para que os resultados sejam alcançados. O resultado, no entanto, é um alinhamento que permite que todos falem e negociem de forma integralmente *empowered*. Permite ao negociador tomar decisões sabendo que está alinhado não apenas com seu chefe ou CEO, mas com todo o círculo de C-Level. Assim, o alinhamento e o *empowerment* de todos no círculo de liderança faz parte da cultura corporativa, e isso reduz substancialmente os riscos associados ao problema "negócio fechado, o problema, não", já citado neste capítulo, pois cada membro do círculo está alinhado com os interesses dos demais. Cada pessoa no círculo de liderança está pessoalmente comprometida não apenas com o fechamento de negócio, mas também com os resultados. As metas de um diretor deixam de ter prioridade sobre as metas acordadas por todos no círculo de liderança. Para fechar uma grande venda, o diretor responsável está preocupado não apenas em fechar o acordo com uma boa margem, mas em confirmar que a área de produção terá condições de cumprir o acordado. Isso faz parte da cultura da organização cria-

EMPOWERMENT DA LIDERANÇA

da com o alinhamento circular, e as novas tecnologias de Inteligência Artificial (IA) facilitam.

Outra vantagem do alinhamento circular para os acionistas é que ele facilita a transferência da liderança organizacional quando o CEO falta por qualquer motivo, pois todos no círculo são candidatos para o cargo. Todos conhecem a organização, os mercados etc. e todos são comprometidos com as questões-chave, pois têm voz ativa. Mesmo quando há fatores familiares entre os controladores da organização, a cultura de um alinhamento circular *empowers* todos a assumir sua missão, pensando nos resultados finais para todos. Porém, essa não é uma tarefa trivial, e certamente não é algo para um evento de fim de semana. Por outro lado, não é uma utopia.

Empowerment no Círculo C-Level

Certa vez, participei de um alinhamento circular facilitado pelo psicólogo Dr. Ichak Adizes,[2] da Universidade da Califórnia, quando eu era o gerente-geral de automação industrial do Grupo Villares. O alinhamento começou com todos os diretores e chefes de unidades de negócios sentados em um círculo, olhando um para o outro, com nada no meio a não ser uma pequena caixa onde todos eram obrigados a depositar uma multa por ter quebrado qualquer regra do encontro. Os encontros começavam após o expediente, com *breaks* cronometrados periodicamente. Havia uma assistente com uma pequena campainha e um cronômetro para isso, e uma das regras proibia o uso da frase "Eu não concordo". As opções eram "Eu concordo" com a resolução de questão ou "Eu tenho outra ideia". Nesse segundo caso, a pessoa expressava sua ideia, e o processo continuava até que todos no círculo declarassem "Eu concordo."

Havia diversas questões a serem alinhadas circularmente dessa forma, e em mais de uma vez esse processo se estendeu até depois da meia-noite. Em uma dessas noites, após a meia-noite, um dos diretores se levantou e, virando-se para o presidente, disse: "Eu não concordo. Minha carta de demissão estará na sua mesa amanhã de manhã." Acontece que a ideia do alinhamento circular não é nada novo. O Rei Arthur o usou para o *empowerment* de seus Cavaleiros da Távola Redonda.

O alinhamento circular na Villares não era perfeito, mas sem dúvida tinha um impacto. Por exemplo, eu estava tratando de negócios com uma certa empresa, quando um dos diretores mais antigos da

---

2 Ver ADIZES, Ichak. Managing Corporate Lifecycles, *How to Get and Stay at the Top*, 1999, e ADIZES, Shoham, *Empowering Meetings*, 2014.

Villares me chamou e me pediu para passar no escritório dele. Quando cheguei lá, ele me informou que estava sabendo de meus contatos com aquela empresa e me aconselhou a evitá-los, pois eram pessoas "muito perigosas". Eu sorri para mim mesmo. As mãos dele estavam suadas. Eu pensei: "Então aquela proposta que eles me ofereceram para facilitar as coisas, e que eu recusei, você aceitou?"

Indiretamente, o alinhamento circular já estava trazendo algo para a empresa, algo que no futuro chamaremos de *compliance*.

Empowerment da Liderança

O *empowerment* do líder de uma negociação estratégica começa com o alinhamento do negociador com uma fonte de poder no C-Level, sem o qual a credibilidade do negociador é limitada e a viabilidade de qualquer acordo é questionável. Como dito, na realidade brasileira, e mundial, o fator familiar precisa ser visto e entendido nesse processo, para que se assegure que as reais linhas do *empowerment* são levadas em consideração. Em todo caso, é uma das formas mais fortes de manter o *empowerment* do negociador e o círculo de C-Level conseguir um alinhamento circular entre si.

A real questão, na verdade, é: qual é a cultura de liderança da organização que facilita o *empowerment* do negociador? Muitas organizações estão acostumadas com a liderança de seus executivos baseada na cenoura e na vara, a cenoura sendo o bônus e a promoção, e a vara sendo a transferência do executivo para algo equivalente a um rebaixamento, ou a demissão mesmo. Uma liderança de verdade é bem mais do que isso. Aqueles que já treinaram cavalos de raça sabem que é possível liderar o cavalo falando a linguagem dele, não verbal, sem nunca tocar na vara nem oferecer alguma cenoura. É uma questão de ouvir a mensagem do outro na linguagem dele e responder da mesma forma. O *empowerment* de liderança requer que todos falem a mesma língua, começando com um bom alinhamento do C-Level. Tem a ver com a cultura da organização, o *brand* e o *compliance*.

Certa vez, fui convidado para um treinamento de técnicas de negociação em uma empresa no Rio Grande do Sul. Depois, fui convidado para uma série de treinamentos similares para o nível gerencial da empresa. A partir disso, o departamento de RH criou o "Manual de Negociações" da empresa, que se tornou leitura obrigatória para todo novo contratado. Fui informado de que, com isso, a empresa criou uma nova cultura de comunicar e negociar internamente, mais eficaz, e que a conversa com fornecedores e clientes ficou mais fácil de ser conduzida, havendo menos vai e volta. Ou seja, o *empowerment* circular da liderança é mais lucrativo.

CAPÍTULO 5

A PROPOSTA DE VALOR

Preparação para a Negociação Estratégica

À S VÉSPERAS DA INVASÃO DA EUROPA NA SEGUNDA GUERRA Mundial, o general Dwight D. Eisenhower disse: "Planos não valem nada, planejamento vale tudo." A proposta de valor[1] é o processo de planejamento que *vale tudo* durante a preparação para uma negociação estratégica em que há muito em jogo. Ela nos ajuda a criar um bom time, buscar respostas para todas as perguntas-chave e criar uma estratégia para nos gerenciar durante o diálogo na mesa de negociação.

O objetivo deste capítulo é apresentar um mapa de como planejar e se preparar para obter bons resultados em uma negociação estratégica.

---

1 A expressão "proposta de valor" foi criada pelo Dr. José Guilherme de Heráclito Lima, um dos autores do livro *Gestão de Negociação*, que infelizmente não está mais conosco.

É uma leitura útil tanto para o executivo responsável pelos resultados da negociação quanto para todos que têm interesse nesses resultados. Não é um processo trivial; envolve criar uma equipe bem integrada e disciplinada, buscar respostas para todas as perguntas críticas e definir um plano, uma estratégia que possa servir como um guia para a gestão de diálogo com o outro lado na mesa de negociações. É um intenso processo de planejamento que pode levar um bom tempo para ser finalizado e precisar de revisões no meio de caminho, dependendo de novos eventos e informações. Mas vale a pena, pois a alternativa é encarar a negociação com base apenas em seus instintos, o que é, no mínimo, irresponsável e, no máximo, um desastre para todos.

Lembrando que o segundo critério para uma negociação ser estratégica é o tempo, pois a preparação adequada de uma proposta de valor pode levar semanas ou até meses para se completar. Mas isso não se aplica a negociações urgentes, mesmo que sejam muito importantes. Esclarecemos também que a expressão "proposta de valor", como usada neste capítulo e neste livro, refere-se a um *processo*, não a um *documento*.

Existem três passos na preparação da proposta de valor. O primeiro é a montagem de uma equipe de apoio adequada, o que não é algo trivial. Uma equipe bem montada e disciplinada é essencial. O segundo é a busca de respostas para tudo o que precisamos saber para enfrentar bem a negociação com o outro lado. Para isso, usaremos uma adaptação de um fator tradicional, o *5G2H*, conhecido por muitos, incluindo mais dois fatores, o *cultural* e o *contexto*, sem os quais nenhum plano da negociação estratégica seria completo. O terceiro passo é a definição e gestão de uma estratégia para a negociação em si.

O Time de Proposta de Valor

Ser bem preparado é importante em qualquer negociação, mas, quando se tratam de negociações estratégicas de alto valor, há questões mais delicadas e complicadas a serem administradas. Além da necessidade de alinhamento e *empowerment*, o líder precisa de uma equipe na qual a função de cada elemento seja bem-definida e em cujos integrantes ele possa confiar.

Existem quatro funções que devem ser definidas ao se formar uma equipe de negociação estratégica, sendo:

- **O negociador (N)**, a única pessoa da equipe que faz propostas até o fechamento, quando entra o tomador das decisões.

- **O estrategista (E)**, que reúne as informações e gerencia a aplicação da estratégia escolhida durante as negociações.

- **O(s) observador(es) (O)**, que faz perguntas e registra informações, mas não faz propostas. Qualquer aconselhamento ao negociador é feito em particular, via mensagens.

- **O tomador de decisão (D)**, o próprio executivo que, durante as negociações, entra apenas para esclarecimentos e, no fim, para o fechamento e a decisão final.

Vamos examinar mais de perto o porquê de essas quatro funções existirem separadas e como elas interagem na prática.

O negociador (N)

A escolha do negociador pelo executivo (o tomador de decisões) é particularmente importante. O indivíduo deve ser um bom ouvinte, um bom comunicador e de forma alguma deve ser tímido. O conhecimento dos aspectos técnicos do caso é útil, mas não crítico, mas autogestão e uma atitude positiva o são. Os vendedores geralmente se saem bem nessa função quando são capazes de administrar seus egos com diplomacia. O negociador é *o único que faz propostas* até o final da negociação, quando o tomador de decisões assume o papel.

Então, por que um negociador? Por que o executivo não deveria assumir esse papel diretamente desde o início? Existem várias razões. Na prática, alguns indivíduos têm uma melhor capacidade natural de negociação do que outros. É uma atividade em tempo real que requer a capacidade de processar uma grande quantidade de informações e responder bem na hora. Em segundo lugar, é uma atividade que exige que a pessoa se concentre constantemente no que fala e em como fala. Isso limita sua capacidade de observar as reações sutis dos outros e de ponderar sobre opções menos óbvias e se aplica tanto para negociações presencias quanto online, via videoconferência, apesar de que as informações indiretas (câmera ligada etc.) são um pouco diferentes para uma videoconferência. Em terceiro lugar, se o negociador errar, disser ou propor algo errado, o tomador de decisão pode intervir e corrigi-lo. Se o próprio tomador de decisão comete um erro equivalente, como já foi dito, terá de recuar, e isso será, no mínimo, constrangedor, possivelmente prejudicando a credibilidade do executivo.

Uma das habilidades de um bom negociador é sua habilidade de criar e usar *táticas de negociação* em tempo real. O número de táticas de negociação é virtualmente infinito e depende da criatividade do negociador. Existem algumas, no entanto, que são tão comuns que até têm nome, tais como: o bode, discurso de vitória, irá ao balcão, não negociável e salame. Uma lista mais completa pode ser encontrada no apêndice do livro *Gestão de Negociação*, já citado.

A força de uso de um negociador designado me foi bem ilustrada na primeira vez que tive a oportunidade de me encontrar com japoneses, no Japão. Ao abrir a porta da reunião, encontrei uma parede de japoneses. Apenas um deles, o **N** no ponto direto, falou durante o encontro. Eu já sabia que o tomador de decisões, o **D**, seria o mais velho, que estava mais à esquerda, mas em nenhum momento ele falou, e eu nunca consegui descobrir como os dois, **D** e **N**, se comunicavam.

O estrategista (E)

Como negociadora, essa pessoa é muito importante para o sucesso de uma negociação estratégica, pois é responsável pela coleta e a verificação de todas as informações nas quais as decisões sejam baseadas durante o preparo da proposta de valor e, em seguida, durante o diálogo na mesa. Além disso, na mesa de negociação, o estrategista tem a missão adicional de servir como fiscal da estratégia de negociação.

Para negociações de alto valor, essa pessoa deve ser alguém de confiança do líder da negociação e livre para solicitar o apoio de especialistas jurídicos ou técnicos internos quando necessário. A coleta das informações deve englobar dados sobre pessoas-chave do outro lado, suas políticas e interesses pessoais, habilidades linguísticas e *background* acadêmico etc. Deve incluir informações estratégicas sobre o contexto e, dependendo da situação, sobre possíveis problemas internos. Toda essa informação deve ser organizada na forma de um portfólio confidencial e apresentada ao executivo e, conforme sua orientação, e apenas com sua autorização, aos demais membros da equipe.

A segunda tarefa do estrategista, começando com a fase de diálogo na mesa, é atuar como fiscal na aplicação da estratégia definida na preparação da proposta de valores. Estratégias podem mudar, e frequentemente deve-se fazê-lo, com base em novas informações obtidas durante a negociação junto ao outro lado, mas não devem ser esquecidas. Quando o estrategista observa um claro desvio do plano, deve alertar a equipe e, em particular, o negociador e o executivo, discretamente, via celular ou outro meio.

Profissionais com experiência em planejamento financeiro ou operacional geralmente se saem bem na função de estrategistas. Em qualquer caso, para ser eficaz, o estrategista precisa estar bem alinhado com o tomador de decisão, o executivo.

O observador (O)

O papel do observador (ou observadores, pois podem haver diversos) é ouvir atentamente e ajudar o negociador a esclarecer questões menos óbvias ou com algum contexto técnico. A vantagem do observador, livre da tarefa de falar, é que ele está em uma posição melhor para captar nuances importantes, como a reação das outras pessoas presentes (incluindo o corpo que fala e entradas e saídas de pessoas durante uma videoconferência) ou pequenas inconsistências nas informações fornecidas.

Ao designar observadores, o executivo pode, como indicado anteriormente, aproveitar a oportunidade para incluir na equipe pessoas que têm conhecimentos técnicos, jurídicos ou habilidades especiais, incluindo fluência na língua do outro lado, quando a negociação é internacional. Pode incluir, inclusive, representantes de outras áreas da organização cujo apoio será importante na implementação de eventual acordo. Em todo caso, cabe ao executivo enfatizar as regras a todos.

O tomador de decisões (D)

É o executivo responsável pelo resultado das negociações, bem como pela seleção, preparação e gestão da equipe. Ela ou ele também é responsável por reportar os resultados aos níveis superiores, normalmente o CEO ou alguém do círculo de C-Level. Por isso, novamente, enfatizamos a importância do *empowerment* e do alinhamento não apenas com o CEO, mas com todos que serão impactados de uma forma ou outra pelo sucesso, ou insucesso, da negociação.

Em relação à gestão de equipe, o executivo sábio criará uma cultura de grupo que permite e respeita as opiniões divergentes, mas que exige e obtém disciplina quando uma estratégia de negociação é decidida pelo executivo responsável pelos resultados.

Durante as negociações, o papel do tomador de decisão é observar e apoiar o negociador até que ele julgue ser hora de assumir a negociação para o fechamento. Deve-se ter cuidado para não fazer isso prematuramente, pois, a partir daí, tudo o que é dito tem um peso diferente, pois não existe mais a opção de simplesmente "corrigir o negociador". Se o tomador de decisão fizer um compromisso errado, uma declaração falsa ou uma promessa que não pode ser cumprida, estará feito. Mudá-lo nesse momento pode prejudicar a credibilidade e afetar os resultados. No fechamento, o tomador de decisões está entrando na *zona de tensão*, a qual será expandida no próximo capítulo.

As Regras do Jogo para a Equipe

Para que o negociador seja eficaz, existem algumas regras internas que devem ser seguidas por toda a equipe, a primeira delas sendo a de que *apenas o negociador faz propostas*. Outros fazem perguntas, mas até mesmo "sugestões" devem ser evitadas. Caso contrário, a equipe corre o risco de quebrar a linha de pensamento do negociador e de "queimar" uma opção que estava sendo guardada para depois. Uma segunda regra é *não discordar do negociador*, pois ele pode ter um motivo para trilhar um determinado caminho que pode parecer não ser óbvio. Confie no negociador. Se alguém tiver uma observação urgente, isso pode ser passado ao negociador na forma de uma nota por escrito, por mensagem, chamando o D de lado (cuidado com escutas e segredos) ou, se for realmente crítico, pode-se sugerir um intervalo, um *break*.

Uma Boa Ferramenta para a Proposta de Valor

O 5W2H,[2] já mencionado, é uma ferramenta de planejamento bem conhecida. São cinco perguntas simples, em inglês, muito usadas no

---

2   A autoria do 5W2H não é clara. O pai deste autor estudou 5Q2H em Chicago, pessoalmente, com Dale Carnegie, antes da Segunda Guerra Mundial. Outros atribuem o 5W2H a Hermágoras de Tiene, um filósofo grego, e outros, a Aristóteles, mas sua origem provavelmente é bem anterior a isso.

A PROPOSTA DE VALOR

planejamento de qualquer projeto ou atividade. Para o planejamento e a gestão de negociações estratégicas, adicionamos dois Cs, muito importantes para o sucesso de negociações de natureza estratégica. Assim, chegamos ao 5W2H2C, um conjunto de palavras em inglês cujos equivalentes em português aplicamos tanto agora, na preparação da proposta de valor, quanto na gestão de diálogo na mesa de negociação, que será vista em um capítulo adiante. São nove perguntas críticas que precisam ser respondidas para se preparar uma forte proposta de valor sem falhas e para se ter uma estratégia de negociação gerenciável.

O Ciclo de Proposta de Valor 5W2H2C

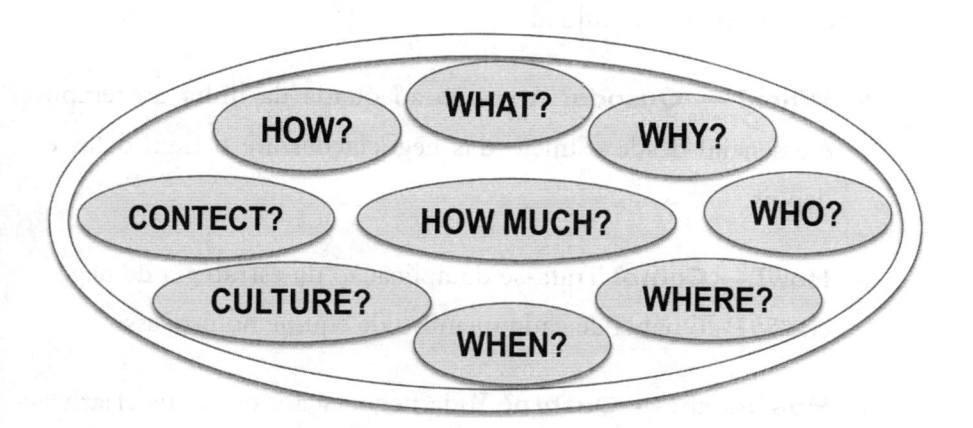

WHAT? HOW? WHY? CONTECT? HOW MUCH? WHO? CULTURE? WHERE? WHEN?

A seguir, exploraremos o papel de cada uma dessas perguntas na preparação do executivo e de sua equipe para a gestão de diálogo na mesa de negociações, mesmo quando esta é virtual, via videoconferência.

As nove perguntas que exploraremos são:

- **What? — O quê?** Sobre isso, é vital um alinhamento do executivo com o círculo de C-Level, conforme indicado anteriormente.

- **Why? — Por quê?** Pode não ser evidente, algo que precisa ser explorado e entendido. Às vezes não é algo óbvio, e pode faltar alinhamento.

- **Who? — Quem?** Se não foi bem explorado, pode subotimizar resultados ou até impossibilitar a implementação de um eventual acordo.

- **Where? — Onde?** Qualquer ambiguidade sobre isso pode criar grandes dificuldades.

- **When? — Quando?** A gestão adequada da linha do tempo é essencial desde o início das negociações até o final delas e depois.

- **How? — Como?** Trata-se da aplicação da estratégia de negociação e do papel de cada membro de equipe no processo.

- **How Much? — Quanto?** Toda negociação, por mais criativa e integrativa que seja, exige, no final, a distribuição de valores entre as partes.

- **Context — Qual é o contexto?** Negociações de alto valor requerem cuidado com os fatores externos que podem invalidar ou valorizar resultados.

- **Culture — Qual é a cultura?** A sensibilidade de que há diferenças culturais entre as partes pode ser um fator determinante no sucesso das negociações.

Como conjunto, o 5W2H2C facilita nossa preparação de uma proposta de valor sólida e para a gestão de diálogo na mesa com o outro lado.

À medida que a preparação para a negociação prossegue, cada uma dessas questões deve ser respondida repetidamente, pois elas tendem a ser interdependentes e necessariamente redundantes. Lembramos que o objetivo aqui não é produzir um documento, um plano, embora possa haver um. O objetivo é que a equipe de negociação, com o executivo responsável pelos resultados, passe pelo processo de planejamento de modo a não deixar nenhuma pergunta importante sem resposta.

Isso dito, vamos examinar cada uma das nove perguntas e a resposta de proposta de valor para cada uma.

O Alinhamento entre "O quê?" e "Por quê?"

Classicamente, as negociações de alto valor começam com um executivo sentando-se com seu CEO, e talvez os membros do conselho, para discutir o "O quê?" (*What?*), por exemplo, a aquisição de um concorrente ou a venda de um ativo importante. Mas por trás desse "O quê" há uma razão, um "Por quê?" (*Why?*) a empresa pretende fazer o "O quê?". Isso pode não ser tão óbvio e não ser igual para todos os presentes. A aquisição de um concorrente (o "O quê?") pode ser clara para todos, enquanto para o diretor comercial a razão (Por quê?) pode ser a expansão de vendas, enquanto para o diretor técnico talvez seja a oportunidade de adquirir a tecnologia do concorrente.

Se houver falta de alinhamento entre o executivo encarregado pela negociação e os dois diretores sobre o "Por quê?", é bem possível que:

1. o executivo não inclua no negócio as "algemas de ouro" (pacote de benefícios) necessárias para assegurar o pessoal-chave técnico essencial para captar a tecnologia de interesse do diretor técnico durante a fase de transição; e

2. o executivo deixe de tomar as iniciativas necessárias para evitar uma disputa entre as marcas das duas empresas no novo mercado a ser desenvolvido, algo muito importante para o diretor comercial para que se evite uma possível disputa jurídica.

A primeira questão a ser resolvida na preparação para qualquer negociação estratégica é assegurar que o executivo responsável pela negociação e seu CEO, bem como outras pessoas-chave do círculo de C-Level, estejam bem alinhados a respeito do "O quê?" e também do "Por quê?" do empreendimento. Isso nos leva de volta ao capítulo anterior sobre *empowerment* e liderança e a importância do alinhamento circular para o negociador fazer um trabalho completo e bem balanceado.

O segundo passo é determinar até que ponto o executivo deve compartilhar essas informações com sua equipe, o que dependerá da visão dele sobre a necessidade de manter confidencialidade e outras circunstâncias relacionadas ao *contexto* de negócios, tópico a ser examinado mais adiante. Sigilo é um fator a ser considerado.

Nesse sentido, o "Por quê?" é igual à busca de interesses em qualquer negociação. Como com interesses, a resposta à pergunta "Por quê?" muitas vezes não é óbvia, pois pode haver várias camadas a serem exploradas. A cada resposta, há outro motivo a ser descoberto. Paciência e perseverança são necessárias, pois são as chaves para evitar trilhar o caminho errado, rumo a uma eventual frustração.

Outra consideração sobre o "O quê?" e o "Por quê?" é a realidade da dinâmica do processo de negociações estratégicas. Tipicamente, tais negociações levam vários meses, e, durante esse período, as coisas mudam: leis aplicáveis, gerentes e até mesmo a tecnologia. A conversa sobre "O quê?" e "Por quê?" não ocorre uma única vez, e a verificação de ambos com o C-Level deve ser programada como parte do alinhamento do início ao fim. Caso contrário, uma isca bonita para o "O quê?" no início da negociação pode correr o risco de pegar o peixe errado, ou de pegar um peixe quando podia ter pegado dois.

Evidentemente, na preparação da proposta de valor, devemos também ter em mente o "O quê?" e o "Por quê?" do outro lado. Na medida do possível, ambas as questões devem ser abordadas na pesquisa sobre os motivos do outro lado, missão do estrategista da equipe. Infelizmente, nessa fase preparatória, você estará lidando com a informação disponível e com especulações, e é sempre questionável até que ponto você pode contar com suas fontes.

Conforme já enfatizado, o forte alinhamento dos executivos de C-Level de uma organização é essencial no desenvolvimento de uma cultura corporativa focada na otimização dos interesses da organização e na minimização de distorções associadas à busca de interesses individuais dos executivos. A promoção de uma cultura corporativa bem alinhada facilita substancialmente a definição do relacionamento entre o "O quê?" e o "Por quê?" e, portanto, a otimização das negociações baseadas nesse relacionamento. Ao mesmo tempo, pode-se pensar que esse tipo de alinhamento descrito no capítulo sobre *empowerment* seja fácil de obter.

"Quem?", do Nosso Lado e do Lado Deles

Em relação ao nosso lado, existe um velho ditado: "Não espere que eu esteja com você quando chegar ao destino se não me colocou a bordo no início do voo." A primeira tarefa relacionada a "Quem?" (*Who?*) na preparação é a identificação de todos que precisarão aprovar o acordo no final ou que têm o poder de criar sérias dificuldades à sua implementação. Podemos chamar isso de *lista verde*. Em seguida, é necessário determinar como mantê-los adequadamente informados durante toda a negociação. Alguém precisa ser designado como responsável por essa tarefa, talvez o estrategista, mas a responsabilidade final é do executivo líder da negociação.

Evidentemente, quando se fala de negociações de alto valor e da lista verde, os membros de C-Level devem ser informados periodicamente por meio de *briefings*, verbais e/ou por escrito, do líder de negociação. Mas, além de C-Level, pode haver outras pessoas na organização, na lista verde, que precisem ser consultadas, sempre mantendo o critério do sigilo. Sugerimos que o estrategista seja designado para manter essa linha de comunicação adequadamente abastecida.

Em relação às informações sobre o "Quem?" do outro lado, faz parte do papel do estrategista coletar e verificar informações sobre:

1. todos na mesa de negociação;
2. os membros de C-Level de outro lado e a quem eles reportam;
3. outros elementos da organização que podem influenciar as negociações; e
4. elementos externos que podem influenciar as negociações.

Em relação a pessoas-chave, estas devem ser pesquisadas no LinkedIn e em qualquer outra fonte confiável. Em muitos contextos e culturas, inclusive no Brasil, a organização familiar tem um papel importante. Nesses casos, é fundamental saber todo o possível sobre o os relacionamentos, passados e presentes.

O "Onde?" e o "Quando?" da Proposta de Valor

Existem várias questões a serem resolvidas com relação ao "Onde?" (*Where?*) e ao "Quando?" (*When?*) durante a preparação para uma negociação. A primeira diz respeito ao local e ao cronograma das próprias negociações. Normalmente, essas questões são relativamente simples de resolver e, em muitos casos, são ditadas pelas circunstâncias, mas precisamos considerá-las.

Em segundo plano, "Onde?" e "Quando?" são, por si, negociáveis. Assim, dependendo de como são definidos, podem valer mais ou menos para cada lado na negociação. "Se pudermos entregar no porto de Santos em julho, podemos dar um desconto de 5%."

Sobre onde negociar

Atualmente, existem quatro alternativas práticas sobre onde uma negociação estratégica deve ser conduzida. Elas são: o nosso lugar, o lugar deles, um lugar neutro e por videoconferência. Quando se trata de uma negociação estratégica, algo de alto valor, a preferência de muitos executivos é convidar a outra parte para ir até o seu lado, particularmente quando se trata de uma negociação internacional. Além de ser conveniente, oferece uma sensação de maior controle sobre o processo. No entanto, quando a negociação é conduzida nos escritórios ou nas instalações do outro, isso gera a oportunidade de reunir informações e impressões que dificilmente poderiam ser obtidas de outra forma. O local neutro não oferece tais vantagens, mas às vezes é necessário justamente por ser um lugar neutro, que tem a vantagem de estar longe das pressões e interrupções do dia a dia, podendo, assim, facilitar pensamentos criativos e inovadores. Em todo caso, independentemente da localização, as instalações para as reuniões devem ser bem apoiadas, com espaços de descanso que permitam a consulta privada de cada uma das partes quando necessário. (E, quando o local não é aquele do seu lado, é seguro supor que podem existir escutas eletrônicas clandestinas.)

Desde a pandemia da Covid-19, o uso de videoconferência cresceu, e muito. Em 2019, geralmente apenas grandes empresas usavam o Zoom. Hoje, muitos avós sabem muito bem como aproveitá-lo. As vantagens de poder marcar um encontro a qualquer hora, em qualquer lugar, inclusive no home office, são inegáveis. Além disso, notamos que essa tecnologia está ainda na sua infância e em breve incorporará a inteligência artificial, tornando-se cada vez mais atraente. De fato, existe muito material novo sobre negociação online sendo publicado.

A desvantagem da negociação à distância quando se trata de negociação estratégica é que ela não facilita contatos informais para conversar sobre assuntos não relacionados aos negócios e o desenvolvimento de relacionamentos pessoais que podem servir de base para melhorar a comunicação e a credibilidade entre os executivos. Na opinião deste autor, a tendência dos executivos na era pós-Covid será claramente a de voltar para encontros presenciais quando se trata de negociações estratégicas.

Com relação a "Quando?" as negociações devem, de fato, começar, a resposta inteligente é: quando você estiver preparado e o outro lado concordar, e não antes, a não ser que exista uma razão muito forte. Para isso, o tomador de decisão deve ouvir atentamente seu estrategista e evitar se comprometer prematuramente com qualquer agenda. Não se quer demonstrar ansiedade ao outro lado, o que pode ser interpretado como uma vulnerabilidade a ser explorada. Uma agenda realista deve ser estabelecida no início, tendo em mente que pode haver circunstâncias externas práticas que ditem mudanças à medida que as coisas avançam. E, se estiver com pressa de fato, evite demonstrar isso.

No segundo nível do "Onde?" e do "Quando?", lida-se com o conteúdo do negócio em si, e ambos são negociáveis e devem ser tratados como tal. Um dos lados da negociação pode estar disposto a pagar mais pelo acesso a uma determinada região (Onde?) ou exigir mais por uma implementação acelerada (Quando?). É uma questão de interesses.

O "Contexto" e a "Cultura" na Negociação Estratégica

Antes de explorar os 2H ("Como?" e "Quanto?") do 5W2H2C, vamos avançar para os dois últimos Cs, algo invocativo que vai além do tradicional 5W2H usado como modelo em planejamentos de qualquer natureza. Os 2C foram incorporados ao modelo para cobrir uma lacuna importante quando se trata de negociações estratégicas, e é aqui que o papel do estrategista da equipe se torna particularmente importante, bem como o uso de consultores externos.

Quando falamos sobre a sensibilidade ou consciência do negociador em relação ao "Contexto", existem mil coisas externas que podem ter alguma influência em qualquer negociação, tais como flutuações da taxa de câmbio, mudanças na equipe ou até mesmo uma doença na família de um dos principais negociadores. Não podemos prever todas as possibilidades, mas há algumas que podemos prever e levar em consideração na preparação de nossa proposta de valor. Elas formam uma espécie de check-list de coisas que não devem ser deixadas de lado na hora de reunir informações sobre o outo lado, o terceiro lado, ou mesmo sobre certas particularidades do nosso lado. São coisas que não devem ser ignoradas e que, com o apoio de um bom estrategista, não serão.

A PROPOSTA DE VALOR

Ao considerar o contexto, podemos avaliar três círculos cujas circunstâncias podem influenciar nossa proposta de valor, conforme ilustrado na figura a seguir. Começando com o círculo mais externo, são as tendências do mercado (nacional e global), o que inclui uma série de "elementos externos", cada um complexo em si. O segundo círculo é A EMPRESA, e, por fim, temos o círculo de C-LEVEL.

Os comentários a seguir podem se referir ao outro lado, ao nosso lado ou a qualquer elemento externo.

O Contexto de Negociação

O Mercado
Elementos Externos
- Sindicatos
- Comunidade Local
- ONGs
- Ciente B2C
- O C-LEVEL
- A EMPRESA
- Acionistas
- Ciente B2B
- GOVERNO

Nacional e Global

A coleta e análise das informações sobre o primeiro círculo de contexto é uma tarefa extraordinária para qualquer indivíduo, incluindo o estrategista (E) da equipe, seja sobre nós, o outro lado ou algum grupo externo. Para isso, o E precisará trabalhar com outros setores da organização, incluindo o de marketing, o de planejamento e o jurídico. O objetivo é coletar informações relevantes para a negociação estratégica em questão. Essas informações, no entanto, podem incluir itens confidenciais sobre os quais nem todos têm necessidade de saber, por exemplo, quando envolvem entendimentos com elementos do governo, concorrentes ou relações com cotistas. Quando há dúvida, a informação deve ser apresentada ao líder da negociação, D, antes de qualquer outra coisa.

O primeiro círculo é relativo ao contexto da negociação em relação a uma série de atores cujos interesses e posições podem eventualmente impactar a negociação e a implementação de um eventual acordo. Isso inclui entidades governamentais regulatórias, Organizações Não Governamentais (ONGs), sindicatos (que podem paralisar certos aspectos de negócio) e principais clientes B2B e B2C (que representam oportunidades de novos negócios). Novamente, o estrategista precisa manter seu radar alerta sobre possíveis questões de contexto que podem impactar a proposta de valor, pois as coisas mudam de um dia para outro.

Quando se trata do outro lado, a informação pode tanto ser a chave para a abertura de novas opções e um resultado melhor para todos como pode ser um alerta sobre a necessidade de incluir uma salvaguarda no acordo para nos proteger contra problemas internos do outro lado, como antigos processos potencialmente desastrosos ou a falta de resseguro na tentativa de competir para a aquisição de empresa pública. Se a empresa com a qual estamos negociando tem dívidas extensas ou planos declarados de mudança (por exemplo, de sede ou controle), evidentemente, tais informações podem ser extremamente relevantes na construção de uma estratégia de negociação.

A PROPOSTA DE VALOR

O segundo círculo, A EMPRESA, é relativo ao contexto da empresa e a todo o aspecto interno, incluindo planos, políticas, *compliance*, liderança etc., positivo ou negativo, que pode impactar a negociação em curso. Por exemplo, a imagem da empresa no mercado no momento ou compromissos já assumidos com entidades governamentais regulatórias, ONGs, sindicatos (que podem paralisar certos aspectos de negócio) e principais clientes B2B e B2C (que representam oportunidades de novos negócios). São todas considerações de um contexto longe de questões da mesa de negociação, mas que podem mudar tudo.

Novamente, o estrategista e o líder da negociação precisam manter seu radar alerta sobre possíveis questões de contexto que podem impactar a proposta de valor.

O círculo mais interno, o C-Level, nos traz de volta à questão relativa ao "Quem?" no contexto da negociação estratégica. A cultura do C-Level e a natureza *top down* do CEO não diretamente envolvido na negociação podem ser considerações de contexto relevantes. Lembramos que empresas, governos etc. não negociam, *pessoas* negociam, e se a pessoa pertence a uma família em conflito ou alguém está sendo processado por algo sério, esse contexto pode ser um fator importante quando se trata de uma negociação estratégica de alta valor. O mero fato de alguém estar em um processo de divórcio pode ser parte do contexto.

Ou seja, existem mil contextos que podem influenciar uma negociação estratégica. O desafio do negociador é estar sempre alerta para as oportunidades e ameaças que se apresentam. Para isso, o estrategista de sua equipe é a melhor arma.

O segundo C, ou seja, a Cultura, é extremamente complexo, mas este autor o considera fundamental para que qualquer negociador de matérias estratégicas consiga bons resultados. Por isso, dediquei o capítulo "Além das fronteiras" a esse assunto.

Por enquanto, aqui, observaremos simplesmente que existem aproximadamente 6.500 línguas faladas no mundo, e cada uma representa uma cultura. Isso sem considerar que existe uma variedade de culturas associadas à língua inglesa: britânica, australiana etc. A questão é até que ponto um executivo precisa ter uma perspectiva cultural ao se preparar para uma negociação estratégica? E, por outro lado, em que medida podemos contar com a globalização gerada pela televisão, o surgimento do inglês como língua global e, mais recentemente, as redes sociais para neutralizar os efeitos da cultura em nossas negociações e em nossos negócios em geral?

Antigamente, negociações importantes eram divididas entre conversas locais (com outras empresas nacionais) e interações internacionais (com estrangeiros, muitas vezes em outros países). Hoje as coisas se misturam, e a tendência é que as negociações estratégicas sejam feitas cada vez mais entre pessoas de diferentes culturas. Com a pandemia, surgiu também o uso extensivo da teleconferência, facilitando conversas à distância, mas, quando se fala de negociações de alto valor, de US$10 milhões para cima, estou seguro de que a maioria dos executivos envolvidos vão preferir negociações presenciais.

Nosso conselho, portanto, é o de não subestimar a influência de fatores culturais nas pessoas com as quais se está negociando, seja no Brasil, seja no exterior. O jovem executivo no outro lado da mesa é fluente em inglês, se veste muito bem e é formado em Oxford. É um jovem empresário que mora em um apartamento no melhor lado do bairro Soho, em Londres, e tem bom gosto. Mas ele é saudita, foi criado lá e se reporta a um CEO mais velho e tradicional, alguém firmemente aliado às tradições sauditas e aos princípios islâmicos. O "velho" pode vetar tudo que você negociou com o jovem executivo em Londres, se ele considerar algo ofensivo à cultura (religião) dele, e você teria perdido seu tempo com uma visita inútil a Londres. O ponto aqui é que, simplesmente porque os negociadores compartilham uma língua comum e acessam fontes comuns de informação por meio da TV global e da internet, isso não é motivo suficiente para supor que fatores culturais não afetarão as negociações e os resultados.

Ao mesmo tempo, sabemos que interesses falam alto, pois, quando um representante da Arábia Saudita pediu para a Honeywell Corporation trocar a chefe de sua missão, a Raide, isso foi negado, e o representante saudita foi trocado.

A Estratégia — O "Como?" e o "Quanto?"

Como informado no início deste capítulo, "planos não valem nada, planejamento vale tudo". Quem falou isso logo em seguida estava comandando a invasão da Normandia durante a Segunda Guerra Mundial. De certa forma, a negociação de alto valor "na mesa" tem algo em comum. Acontece em tempo real, cara a cara. Não dá para ficar puxando uma cópia de sua "estratégia" como se fosse a partitura de uma música. A preparação de uma estratégia tem que ser parte do processo de preparação da proposta de valor, de forma que todos os membros da equipe e o líder da negociação tenham os principais elementos do plano na mente, do início ao fim. Pode-se, de fato, ter um resumo do plano em papel ou em um arquivo online (com acesso bem protegido), mas o mais importante é que todos os envolvidos façam parte do processo do planejamento da estratégia, e deve haver alguém responsável pelo acompanhamento e atualização da estratégia, o estrategista (E).

As respostas às sete perguntas anteriores (5W e 2C) constituem a fundação da proposta de valor. Faltam ainda as últimas duas perguntas, "Como?" e "Quanto?", que são, na prática, o coração de qualquer estratégia de negociação. Com isso, podemos dizer que o líder da negociação e sua equipe estão preparados para a gestão de diálogo na mesa. Vamos, então, ver alguns cuidados com o "Como?" e o "Quanto?".

Alinhamento C-Level

A primeira consideração na definição de uma estratégia é a confirmação junto ao círculo de C-Level de o "O quê?" e o "Por quê?" dessa negociação e de que todos que deveriam estar a bordo desse voo estão, ou seja "Quem?". Isso, inclusive, é algo que precisará ser reconfirmado com certa frequência durante a negociação, dependendo de novas informações e da descoberta de novas opções. Na fase de preparação da proposta de valor, é importante confirmar se os negociadores estão preparados para defender bem os interesses dos elementos-chaves do C-Level. Para ilustrar isso, citamos o caso de uma proposta de aquisição das empresas Alpha pela Mega visando à expansão das atividades em novos mercados. O líder da negociação da Mega era Ricardo. Tudo ia bem, até que Ricardo notou um forte interesse do diretor comercial e do diretor técnico nos resultados. Nesse caso, o "O quê?" e o "Por quê?" eram muito claros. Ricardo precisava de alinhamento sobre os motivos dos diretores, o que, no caso do diretor técnico, era o acesso à tecnologia da Alpha, e, no caso do departamento comercial, era a integração dos *brands* para evitar possíveis embasamentos legais. O diretor técnico precisava da inclusão de "algemas de ouro" para segurar certos técnicos-chaves, enquanto o diretor técnico precisava designar um advogado especializado para acompanhar toda a negociação. Qualquer falta de alinhamento do C-Level nessa hora pode custar caro.

Outro aspecto do alinhamento que é de responsabilidade do líder da negociação é que as táticas e estratégias a serem aplicadas como parte da estratégia devem estar de acordo com a ética, o *compliance* e outros valores-chaves que compõem a cultura da organização, conforme definido pelo C-Level. Todo cuidado deve ser tomado para eliminar qualquer ambiguidade nessa área, pois a realidade de negócios de alto valor, particularmente quando se tratam de negócios com o governo, é que eles tendem a criar oportunidades para áreas cinzentas, em que o líder da negociação pode se tornar o bode expiratório.

A BATNA e as linhas vermelhas

Uma informação importante a ser definida desde o início junto ao C-Level é a melhor alternativa da organização se não houver um acordo, a chamada BATNA, e é necessário ser realista e que haja um bom alinhamento do C-Level sobre essa questão. Sem isso, o líder da negociação corre o risco de ser criticado e até ter sua decisão revertida no futuro. Por isso, uma das importantes tarefas do estrategista é a pesquisa interna e externa antes da definição da BATNA, a qual deve ser confirmada pelo líder, junto ao C-Level. Evidentemente, faz parte desse trabalho inicial também descobrir as alternativas do outro lado se não houver um acordo.

Em algumas negociações, são definidas desde o início as precondições para negociar, as chamadas "linhas vermelhas". Em alguns casos, tais declarações são sinceras, em outros, apenas táticas de pressão. Acontece que, a princípio, tudo é negociável. O que é perigoso é o uso de "linhas vermelhas" como táticas em uma estratégia, pois, se for necessário ultrapassá-las, o risco para a credibilidade daí adiante pode ser bem alto. O que de fato não é negociável são os limites de *compliance* e a cultura da organização determinada pelo C-Level.

Os negociáveis

Dado o alinhamento com relação ao "O quê?" e ao "Por quê?", e sabendo-se o "Quem?", precisamos identificar os negociáveis a serem oferecidos e exigidos na negociação na mesa e ter uma ideia do valor relativo de cada um para nós e para o outro lado, *e para ambos*. Para isso, podemos começar com um exercício em grupo com toda a equipe, criando uma tabela com duas colunas de possíveis interesses (os deles e os nossos) e três colunas à direita para indicar se cada interesse é comum, oposto ou simplesmente diferente. Pode-se começar listando nossos interesses por ordem de importância e, depois, os deles. Ao final, pode-se abrir um debate sobre o que é comum, diferente e oposto. A pergunta no final é: "Qual é o interesse que não estou enxergando?" A resposta para isso só será obtida na mesa.

Com uma boa visão dos interesses, tudo estará pronto para que se inicie um *brainstorming* de possíveis negociáveis (opções) que podem atender a tais interesses, lembrando que, nessa fase inicial, devemos evitar a avaliação das opções, pois a crítica tende a matar a criatividade. Queremos apenas a maior lista possível de negociáveis que podem atender interesses dos dois lados. A partir do resultado do *brainstorming* inicial, precisamos começar a identificar a lista de negociáveis (opções relevantes) em si, inclusive com uma indicação da importância relativa de cada um. É raro em uma negociação estratégica que os itens dessa lista sejam de natureza distributiva, por exemplo, 51% das ações para um pagamento único em dinheiro. Mesmo quando a negociação é sobre uma proposta já apresentada, por exemplo, a aquisição de um *copyright* ou a venda de uma grande área fabril, é improvável que o preço seja o único negociável. Normalmente, as negociações estratégicas envolvem uma lista de coisas a serem entregues, testadas e confirmadas e requerem treinamento, transferência de patentes e assim por diante. Cada uma é negociável, e mais de uma coisa pode ser trocada por menos de outra coisa. Portanto, criar uma lista dos negociáveis, colocando-os na ordem de valor, é um exercício produtivo que pode ajudar o negociador na mesa.

Tempo e táticas

Uma das coisas que diferencia uma negociação estratégica de outros tipos de negociação é o fato de que normalmente a negociação estratégica ocorre durante semanas, meses ou até anos e envolve fases, cada lado com sua melhor forma de se comunicar e se relacionar com o outro. Quando as negociações chegam à fase do fechamento, no entanto, a tendência é que tudo ocorra em um período curto, por exemplo, por meio de conversas diárias durante uma semana. É nessa fase de alta tensão que existe a possibilidade de o fator "tempo" ser aproveitado taticamente, por um lado ou outro, e é no processo de preparação da proposta de valor que se deve considerar essa possibilidade na definição de estratégia. Metade da estratégia de uma negociação importante é "o que fazer", e a outra metade é "quando fazer".

Faz parte do trabalho do *negociador* do time criar e utilizar táticas de negociação para atender ao momento, na mesa. Os únicos limites são a cultura da organização (com *compliance*) e a ética das pessoas envolvidas. Existem, no entanto, algumas táticas que são tão conhecidas que até já ganharam nomes. Por exemplo: o bode, o brinde, discurso de vitória e salame. São táticas cujo uso em um momento específico na linha de negociação pode fazer parte da estratégia.

Concessões

Um aspecto importante da estratégia a ser considerado na preparação da proposta de valor é a ordem e a natureza de possíveis concessões em relação a cada negociável. Isso começa com a criação de uma lista de possíveis concessões que, dependendo do desenrolar da negociação,

A PROPOSTA DE VALOR

podem ser oferecidas em troca de algo, mas, evidentemente, a real decisão na mesa de negociação sobre qual concessão fazer é algo complexo e depende de uma série de considerações, inclusive com relação ao estilo do líder de negociação, a orientação do líder ao negociador designado e o *feedback* da equipe. Dependerá também de novas informações obtidas durante a negociação.

Algo importante na preparação da proposta de valor é ter uma estratégia sobre como e quando fazer concessões e em troca de quê. A existência de uma estratégia de concessões na fase de preparação ajuda o negociador a enfrentar as pressões de negociações na mesa, cedendo valores em troca de outros de um modo seguro e planejado.

Uma estratégia que você pode considerar, por exemplo, quando está enfrentando alguém com um perfil "colaborativo", é a de ancorar relativamente cedo com uma concessão significativa, assim demonstrando boa vontade, e pedindo algo significativo do outro lado, em contrapartida. Daí em diante, a estratégia pode ser a de oferecer concessões cada vez menores em intervalos de concessões cada vez maiores. Desse modo você estaria sinalizando que está chegando ao fim de possíveis concessões. A suposição é a de que você tem, desde o início, uma clara ideia do valo relativo de cada concessão para você (e, se possível, para o outro lado) e está gerenciando bem a linha de tempo em relação ao momento em que você pretende concluir.

Diferentemente, se sua avaliação a respeito do negociador do outro lado mostrar que se trata de alguém com um temperamento altamente assertivo, uma estratégia pode ser a de iniciar com concessões menores e passos mais demorados, contando com a possibilidade de, no final, enfrentar uma situação do tipo *"crunch"*. Isso pode ser particularmente interessantes se: a) a linha de tempo de outro lado for mais curta do que a sua (ao final, seria obrigado a fazer concessões maiores); e b) o valor do bom relacionamento pós-negociação não for alto (o que é raro no caso de negociações estratégicas).

Conforme dito, a definição de uma estratégia de concessões para cada negociável é algo complexo e exige uma boa gestão da linha do tempo. Por outro lado, proporciona ao negociador uma certa tranquilidade ao lidar com a dinâmica da negociação em tempo real.

Quanto?

A questão é: *quanto* para *o quê* e *quando*? Cada negociável tem um valor intrínseco ou explícito na forma de algo quantificável. Há aquilo que nós queremos (o alvo), o médio que podemos aceitar (aceitável) e aquilo que não devemos aceitar (o limite). Na prática, isso pode se aplicar ao modo como tratamos cada negociável. *Porém*, estamos falando de uma negociação estratégica de alto valor na qual, ao final (fase de CONCLUIR), o valor mínimo para qualquer negociável específico pode ser *zero*, dependendo da situação. Portanto, devemos esperar que existam dois momentos a respeito do *quanto* para os negociáveis. O primeiro pode ocorrer durante um tempo prolongado no qual diversos representantes das partes procuram determinar o *quanto* de cada negociável. O segundo, ao final, trata-se da troca de negociáveis (já negociados distributivamente) um para o outro, para concluir a negociação global. Em teoria, seria possível para os executivos que representam os lados de uma negociação estratégica cortar o processo, pulando a fase de valorização de cada negociável e assumindo os riscos implícitos, mas é extremamente improvável que isso aconteça na prática.

Gestão da preparação estratégia

Um exercício que pode ajudar no final da preparação da proposta de valores é criar uma tabela de tudo o que você quer na negociação, sendo os menos importantes primeiro e os prioritários no final. Para cada item, indique o nome do negociável e:

1. O alvo, o que quer no final;
2. O aceitável, algo legítimo que pode aceitar;
3. O limite (se existe), sem o qual não haverá acordo;
4. Uma âncora (se houver).

A preparação de uma tabela assim na proposta de valor pode ajudar o líder da negociação estratégica, bem como o negociador indicado, a ordenar seus pensamentos sobre *quanto* pedir por cada negociável em qualquer momento da negociação.

Uma retrospectiva sobre a estratégia na proposta de valor

O objetivo da estratégia e o da própria proposta de valor é juntar todo o necessário para o líder de uma negociação estratégica estar bem preparado para o diálogo.

Todas as nove questões relativas ao 5W2H2C foram examinadas, junto à síntese de como criar uma estratégia efetiva.

Como informado desde o início, a proposta de valor não é um documento, é um processo do qual toda a equipe de negociação estratégica deve participar, e a definição da estratégia faz parte desse processo. Portanto, com uma boa escolha e orientação da equipe de apoio, e com as respostas ao 5W2H2C, entendemos que o negociador e sua equipe estão bem preparados para a gestão de diálogo na negociação com o outro lado.

CAPÍTULO 6

GESTÃO DE DIÁLOGO

Na Mesa de Negociação

Tudo neste livro até aqui, particularmente o último capítulo, teve como objetivo preparar você para gerenciar o diálogo com o outro lado da mesa em uma negociação estratégica de alto valor, seja presencial ou via teleconferência. Se os objetivos dos capítulos até aqui forem alcançados, você está *empowered* para conduzir a negociação, e o outro lado está consciente disso. Você tem credibilidade, sabe gerenciar o tempo a seu favor e conhece bem os fundamentos da arte de negociação, conforme ensinado na escola líder nesse ramo. Você escolheu uma boa equipe de apoio para esse empreendimento. Cada elemento conhece bem seu papel e tem a autodisciplina necessária para fortalecer a negociação. Você e sua equipe prepararam a proposta de valor buscando respostas para cada pergunta-chave e definiram uma estratégia para servir de guia nas negociações. Vocês estão preparados.

O objetivo deste capítulo é ajudar você e sua equipe a entenderem o que está envolvido em conduzir uma negociação de alto valor, visando obter o melhor resultado possível. Isso envolve gerenciar todos os passos prévios à chegada na mesa, iniciar bem a negociação e conduzir o diálogo bem em cada fase da negociação até concluí-la, e inclusive depois. O diálogo deve buscar um acordo que atenda bem aos interesses do seu lado, e de fato aos interesses de todos, porque sem isso não são boas as chances de os resultados serem bons para alguém, incluindo o seu lado. Lembramos que, na eventualidade de não haver acordo, o bom relacionamento ainda tem valor.

Neste capítulo, traçaremos os passos que normalmente precedem a negociação em si, revendo a linha do tempo. Com essa base, examinaremos cada uma das cinco fases na linha do tempo, procurando maximizar os resultados do diálogo na mesa em cada uma.

Em todo este capítulo há a suposição de que os motivos da liderança do outro lado da mesa são consistentes com as declarações de objetivos. Existe a possibilidade, esperamos que remota, de que isso não seja a verdade e que o outro lado esteja negociando com *segundas intenções*, por exemplo, a intenção de ocupar sua atenção e seu tempo enquanto negocia preferencialmente com seu concorrente. Sem se tornar paranoico, há formas de estar alerta para essa possibilidade e tomar ações para minimizar tais riscos. Uma delas é incluir no acordo de sigilo uma declaração de que as partes não estão conduzindo negociações com terceiros relacionados aos objetivos da proposta da negociação.

Gestão da Pré-Negociação

Tipicamente, uma negociação de alto valor começa com alguém do C-Level propondo algo, visando ganhos significativos, mas que requer que se negocie um acordo com alguém externo à organização. A partir disso, um executivo é indicado para transformar a ideia em uma proposta para aquela entidade externa, visando alcançar o objetivo. Pode ser a aquisição ou venda de algum ativo de alto valor (um sistema, patente, fábrica etc.), uma fusão com outra empresa, um acordo de não competição ou um projeto conjunto para desenvolver um novo satélite de comunicação. É muito comum nessa hora que o executivo responsável tome a iniciativa de prosseguir com pouco preparo, confiando em seu jogo de cintura *versus* o jogo de cintura do outro lado. É bom para o ego e geralmente bem ruim para os resultados.

Supondo que você seja o executivo indicado, pelo método descrito neste livro, seria a hora de, junto de sua equipe, iniciar a preparação da proposta de valor e as respostas para as perguntas-chaves do 5W2H2C. Com isso você entraria em contato com o outro lado, explicando a ideia e pedindo, ou oferecendo, uma proposta inicial. Considerando que se trata de algo de alto valor, isso resulta no início de uma série de atividades, incluindo normalmente a assinatura de um acordo de sigilo (ou NDA — *None Disclosure Agreement*). Na prática, o processo pode levar algumas semanas e envolver múltiplos contatos de advogados, técnicos, auditores etc. dos dois lados. Pode, inclusive, envolver uma estimativa de valor de algo feita por uma empresa especializada. Mas, no fim, com tudo o que vimos até agora, você estará preparado e *empowered* antes de se sentar à mesa.

A seguir, examinaremos algumas das ações que devem ser bem gerenciadas na fase que chamamos de pré-negociação para obter bons resultados na mesa. É importante que todos os contatos nesse momento sejam coordenados com a devida atenção, vigor e pontualidade, pois o profissionalismo desses contatos pode refletir na sua imagem como executivo e líder da negociação. Aqui estão algumas das questões.

Onde?

Conforme examinado na proposta de valor, as alternativas são: nosso lugar, o lugar do outro lado, um lugar neutro e videoconferência. Cada um oferece certas vantagens e desvantagens.

Em relação tanto ao *nosso lugar* como ao do *outro lado*, devemos considerar:

- Um local apropriado e seguro com espaço e privacidade adequados;

- Áreas adjacentes à sala de negociação para consultas privadas;[1]

- Facilidade de hospedagem em lugares próximos;

- Serviços de tradução, quando necessário;

- Encontros informais que proporcionem oportunidades de construir pontes de relacionamento e confiança entre as partes.

---

1 Se o local para negociações for de responsabilidade do outro lado, é aconselhável ter o cuidado de se proteger contra possíveis *spyware* na área das salas de consulta.

Em relação aos *lugares neutros*, podem ser qualquer escritório em um lugar neutro e seguro ou qualquer lugar isolado do ambiente do dia a dia e que estimule o pensamento "fora da caixa", ou seja, de forma mais criativa. Pessoalmente, já participei de negociações no deserto do Arizona e no rio Amazonas. Isso ajudou a construir relacionamentos de confiança e certamente valeu o investimento.

Sobre teleconferência como local de negociação, desde a pandemia, seu uso tem crescido muito, pois oferece diversas conveniências e economias. Com a evolução da IA, a tendência é que a teleconferência se torne cada vez mais atraente. No entanto, quando se trata de negociações de alto valor, minha experiência mostra que a maioria dos executivos responsáveis pelos resultados preferem encontros presenciais, em que é mais fácil construir relacionamentos importantes e avaliar comunicações informais.

Quem?

Do seu lado, isso é determinado pela definição da equipe de negociação, que pode incluir diversos observadores (auditores, engenheiros, advogados etc.). A princípio, é recomendado que o número total de pessoas em cada lado não exceda oito. No caso de videoconferência, pode ser acordada previamente a presença de visitas não participantes. Em todo caso, o nome e o cargo de todos os participantes e observadores devem ser fornecidos. Recomendamos que câmeras sejam proibidas, pois abrem a possibilidade de participação de pessoas não reveladas, inclusive via *spyware*.

Precondições

A assinatura do NDA é esperada neste nível de negociação, bem como o acerto de algumas regras básicas, tais como a gravação ou não das sessões e a presença ou não de pessoas que não fazem parte da negociação.

Fora isso, não é incomum, particularmente no campo político, haver demandas como precondições para iniciar negociações na mesa. O uso de precondições inibe as negociações e são desaconselháveis. No entanto, cabe a você, como líder da negociação, julgar se é possível ou não aceitar qualquer precondição do outro lado. Depende muito do que está em jogo.

Quando?

Resposta: quando todos os lados (particularmente você) estiverem prontos e concordarem com uma data comum.

Nota: se os líderes de negociação ainda não se conhecem pessoalmente, é *muito* importante que tenham a oportunidade de se reunir informalmente de antemão para se conhecerem fora do ambiente de negociação antes da primeira reunião, talvez em um jantar ou café da manhã.

Abertura da mesa

A forma correta e a formalidade apropriada para a abertura de uma negociação importante podem variar consideravelmente, dependendo da cultura dos participantes, conforme examinado em maior detalhe no capítulo "Além das Fronteiras", mais adiante. Existem, no entanto, alguns atos e atitudes que podem ser considerados como aconselháveis em quase todos os contextos.

Normalmente, a abertura inclui a introdução de todos os participantes nas reuniões, a confirmação de acordo de sigilo e comentários sobre a agenda esperada. Algumas pequenas conversas sobre qualquer assunto não empresarial podem ser úteis para identificar semelhanças, ajudar a reforçar relacionamentos e a confiança e "quebrar o gelo". Desde o início, é aconselhável expressar o otimismo de que será encontrada uma solução que beneficie todas as partes, incluindo eventuais *stakeholders*.[2]

Na maioria dos casos, as negociações terão sido precedidas pela apresentação, por um dos lados, de alguma forma de proposta, da venda de algo ou por uma minuta de um documento que proponha alguma ação. Esse documento servirá como a referência principal, mas, na maioria dos casos, é preferível, nesta fase, simplesmente pedir ao outro lado que indique quais são as principais questões a serem resolvidas sem iniciar o debate sobre qualquer item específico. Você pode, então, reconhecer suas preocupações e indicar certas prioridades sem entrar em detalhes. O objetivo nesse momento é simplesmente obter uma visão geral do que precisa ser abordado para se chegar a uma solução. Caso o outro lado se lance para discutir qualquer assunto específico, pode-se reconhecer a importância da questão e perguntar quais outros pontos precisam ser abordados, sem discutir nenhum em detalhe.

---

2 Sugiro a leitura do livro *Corporate Diplomacy: Building Reputations and Relationships with External Stakeholders*, de Witold Henisz.

A Linha do Tempo em Perspectiva

No capítulo sobre a linha do tempo, estudamos como a gestão do tempo é fundamental para bons resultados, particularmente em negociações estratégicas. Foram indicadas cinco fases que precisamos ter em mente:

- **Preparar** — Leva-se um bom tempo para fazer uma preparação bem feita, e ela é fundamental para o sucesso. Por isso, o capítulo anterior é dedicado à preparação da proposta de valor.

- **Criar** — Inclui tudo o que for necessário para maximizar o valor dos resultados, sendo isso a chave para empurrar os benefícios para além das expectativas;

- **Negociar** — Abrange o uso de táticas, ferramentas e estratégia na troca de certos negociáveis, visando maximizar o ganho do seu lado, preservando boas relações para o futuro;

- **Concluir** — Inclui todos os cuidados necessários no final para a tomada de decisão e, se for favorável, para assegurar a fiel implantação do acordo. Se não for, garante preservação de imagem (sua e da organização), deixando a porta aberta para futuros negócios;

- **Reconstruir** — A breve, mas importante, fase pós-fechamento, em que relacionamentos valiosos são conservados e reforçados.

GESTÃO DE DIÁLOGO

Na figura a seguir, temos uma comparação das cinco fases com as ferramentas utilizadas para otimizar resultados em cada fase. A primeira fase, PREPARAR, corresponde a todo o trabalho de proposta de valor. Aqui, a busca por respostas para as perguntas-chaves do 5W2H2C proporciona a fundação de todo o restante do processo de negociação.

O Processo e as Ferramentas

1. PREPARAR	PROPOSTA DE VALOR
2. CRIAR	COMUNICAÇÃO & RELACIONAMENTO
3. NEGOCIAR	INTERESSES / OPÇÕES / LEGITIMIDADE (Círculo de Valor)
4. CONCLUIR	COMPROMISSO *ou* BATNA
5. RECONSTRUIR	INVESTIR NO RELACIONAMENTO

As duas fases sequentes, CRIAR e NEGOCIAR, são interativas e repetitivas, e a justificativa para a ordem das duas é simples: nunca se deve estar satisfeito com X quando você pode estar negociando a divisão de 2X ou 10X. Por essa razão, crie o valor primeiro, depois o negocie. Obvio, não? Mas, em várias ocasiões, já testemunhei executivos seniores, ansiosos para fechar um *deal*, começarem a usar táticas de negociação distributiva cedo demais quando ainda existia potencial para um alvo melhor. Essa é uma das razões pelas quais a autogestão foi tratada no primeiro capítulo deste livro. Cinco dos sete elementos do modelo de Harvard, incluindo o ciclo de criar valor, são indicados no lado direito de CRIAR e NEGOCIAR. A boa aplicação daqueles cinco elementos da metodologia de modelo de Harvard tem se provado eficaz e efetiva em criar valor em *todo* tipo de negociação, inclusive estratégica.

Na fase NEGOCIAR, assumimos uma postura mais próxima de jogos de soma zero, ou negociação distributiva. Só que, no caso de negociações estratégicas de alto valor, nunca deixamos de procurar oportunidades de criar novos valores. Isso é simbolizado por aquele pequeno arco entre CRIAR e NEGOCIAR. Os dois são repetitivos e interativos.

Cabe a seu negociador designado (aquele N na equipe) gerenciar a linha do tempo e julgar quando está na hora de passar de criar valor para focar em obter a melhor fatia possível de valor identificado, ou seja, negociar a troca de A por B para cada um dos negociáveis. Da mesma forma, cabe a ele ou ela decidir quando está na hora de focar em decidir sobre o que está na mesa, lembrando sempre que novas informações podem, a qualquer hora, ser motivo para voltar a qualquer fase anterior.

Assim, chegamos ao CONCLUIR, o momento de decisão, e sem dúvida é hora de você, como tomador de decisão, assumir o processo. Se for para o lado de um acordo, existe uma série de coisas que precisam ser feitas para assegurar que os resultados acordados sejam realizados, e exploraremos isso em detalhes mais adiante. Caso não haja acordo, também existem certas coisas que precisam ser feitas para preservar relacionamentos e proteger a sua imagem como líder da negociação e a da organização.

A quinta fase, muitas vezes esquecida, é a de RECONSTRUIR. Ocorre após o fechamento e é importante para proteger sua imagem e a da sua organização. No caso de uma negociação em que haja acordo, serve para proteger os resultados esperados. Para a negociação em que não há acordo, serve para manter as portas abertas para futuros negócios lucrativos. Custa pouco e pode render muito, e exploraremos isso novamente ao final deste capítulo. Agora examinaremos como negociar em cada uma das cinco fases.

CRIAR — A Busca por Valor

Pela perspectiva da linha do tempo, temos uma visão do relacionamento das fases com os ensinamentos do modelo de Harvard, inclusive criar e negociar. Aqui aprofundaremos em *como criar valor* durante a gestão de diálogo, na mesa.

Desde a publicação de *Como Chegar ao Sim* e sequente nascimento do chamado modelo de Harvard, esse método tem se mostrado eficaz em ajudar negociadores a evitar os embrulhos da negociação distributiva em todo tipo de negociação, de baixo a alto valor. Nossa atenção aqui, e adiante, estará em como ajustar nosso diálogo às negociações estratégicas de alto valor.

A vantagem de ter completado o processo de proposta de valor é que você e sua equipe chegarão à mesa de negociação bem alinhados e preparados para a maioria das eventualidades. Todos na sua equipe sabem quem é o seu negociador designado (o único que faz propostas), bem como o estrategista, eventuais observadores e você mesmo como o tomador de decisão, o responsável pelos resultados.

Cada um sabe seu próprio papel e o papel dos outros. Eles compartilham informações quanto ao 5W2H2C relacionado ao seu lado e ao outro lado também, e conhecem a estratégia proposta. Eles também estão cientes de que, a partir do momento em que se sentam à mesa, presencial ou à distância, tudo pode mudar. Dito isto, há uma série de coisas que vale a pena notar sobre a criação de valor durante uma negociação estratégica.

Um erro comum na negociação em todos os níveis, incluindo as de alto valor, é a tendência de logo iniciar uma revisão item a item de alguma proposta ou outro documento recente colocado por um dos lados. A intenção pode ser esclarecer os negociáveis, mas é muito fácil que o processo se degenere na defesa de certas posições, inclusive em negociações baseadas em percepções de poder. Por isso, o diálogo deve se iniciar com foco no que o outro lado quer, evitando qualquer *checklist* inicial. Vejamos como o foco nos três elementos básicos do círculo de valor pode ajudar nisso.

Interesses — os três tipos

Um bom ponto de partida na negociação estratégica é começar explorando todos os interesses (não demandas ou propostas) de *ambos* os lados. Isso requer paciência e persistência, pois é comum que pessoas comecem com propostas e demandas, mas às vezes não têm clareza de seus próprios interesses. Um exemplo disso, como veremos em mais detalhes adiante, foi o caso de Abilio Diniz. O ponto de virada em uma longa briga com um grupo francês foi a percepção, pelo próprio Diniz, de que o que ele queria mesmo era ser livre.

É relativamente fácil no planejamento visualizar o "O quê?" da negociação, mas é na mesa que realmente descobrimos o "Por quê?". É na mesa que o negociador designado precisa exercer suas habilidades e sua autogestão, para enxergar os reais interesses do outro lado, sem criar sentimentos negativos. Às vezes isso pode levar a mais tempo discutindo o "O quê?" que as pessoas querem para chegar no "Por quê?" elas querem.

Para facilitar a busca de interesses, notamos que eles podem ser classificados em três tipos: *interesses comuns*, interesses opostos ou simplesmente interesses diferentes, cada um oferecendo uma oportunidade. Isso foi visto na preparação da proposta de valor e agora precisa ser confirmado, ou corrigido, na mesa, com a ajuda de informações diretas do outro lado.

Interesses comuns incluem coisas que os lados podem desenvolver em conjunto para benefício mútuo. Pode ser, por exemplo, desenvolver o mercado da costa oeste, ou mudar uma determinada lei, ou adquirir uma nova tecnologia. Não é incomum durante negociações estratégicas, após a assinatura de um acordo de sigilo e ter sido criado um certo grau de confiança mútua, que as partes descubram que o outro lado está investindo em projetos semelhantes aos seus e que ambos poderiam se beneficiar ao unir forças. A descoberta de um interesse comum abre uma excelente oportunidade para investir em objetivos comuns com custos reduzidos para ambos os lados. Às vezes é o primeiro passo na direção de um M&A bastante rentável.

No caso de *interesses diferentes*, a maioria dos interesses das partes em uma negociação são simplesmente diferentes. São aqueles interesses, investimentos ou projetos que cada lado tem e que não afetam diretamente os negócios do outro. Certamente, você não alocaria recursos para apoiar interesses do outro lado que não tenham nada a ver com os seus, *a menos*, é claro, que eles estivessem dispostos a apoiar seus interesses em troca de você apoiar os deles. É negociável e uma porta aberta para a oportunidade. O problema é que você nunca saberá que a oportunidade existe se você não descobrir o interesse que o outro lado tem, e vice-versa. Executivos inteligentes mantêm a mente aberta e a antena alerta para interesses diferentes, pois eles podem se tornar relevantes. Você pode ajudar o outro lado a atender um interesse diferente dele (que nada tem a ver com o objetivo da negociação) em troca do contrário? Por meio do apoio mútuo, há uma oportunidade de ganho mútuo, mas para isso é necessário que se consiga identificar os interesses "diferentes" do outro lado. Para isso, a manutenção de uma atitude de interesse nos interesses do outro lado pode ser muito lucrativa.

Com relação aos *interesses opostos*, certamente existem alguns interesses que são de fato *opostos*, que se oporão ao seus, como, por exemplo, o preço que o outro lado está disposto a pagar pelo seu produto, serviço ou sistema. Nesse caso, para você conseguir mais, eles terão que obter menos, ou seja, será um jogo de soma zero. Aqui se aplicam as ferramentas de negociação distributiva, descritas no Capítulo 2. Quando se trata de interesses opostos, o importante é não perder de vista todos os interesses relacionados ao 5W2H2C levantados na proposta de valor e confirmados na mesa de negociações. Também é sempre de seu interesse, ao lidar com negociáveis de qualquer natureza, investir em bons relacionamentos.

No final, o propósito da busca para descobrir interesses — comuns, diferentes e opostos — é estimular nossa criatividade na identificação de coisas que podemos propor como parte do pacote que pode compor uma eventual solução. Nós chamamos essas coisas de "opções".

Opções

Durante a elaboração da proposta de valor, a equipe tentou identificar o maior número possível de opções. Talvez tenha havido uma sessão de *brainstorming* para criar uma lista, que foi depois organizada em uma tabela das opções mais interessantes. O problema é que, nessa fase, tudo é baseado nos *supostos* interesses do outro lado. Agora, na mesa, enfrentaremos os interesses declarados e os descobertos.

A partir dos primeiros contatos na mesa, é possível ter uma nova visão dos interesses e, portanto, uma nova perspectiva a respeito de possíveis opções para atender aos interesses. Isso implica na confirmação e possível revisão dos negociáveis planejados na proposta de valor, bem como a possível criação de novos negociáveis.

Nesse momento, cada negociável é uma opção, bem como a ordem em que são colocados na mesa. É algo bastante dinâmico e, como já enfatizado, tarefa *exclusivamente* do negociador designado. Conforme novas opções aparecem durante o diálogo na mesa, essas ideias precisam ser levadas em consideração pelo negociador, mas não necessariamente exploradas imediatamente. O negociador precisa decidir como e quando investigar cada uma.

A comunicação entre membros de time, inclusive com você como líder, pode ser feita por WhatsApp ou pela passagem de notas escritas, mas ninguém deve fazer qualquer sugestão verbalmente nem lançar uma pergunta que pode ser interpretada como uma proposta. Em momentos mais extremos, você pode pedir um *break* para obter um alinhamento sobre o uso de opções ou qualquer outro aspecto de negociação, inclusive sobre o uso de alguma opção previamente descartada. Acontece que a visão dos interesses, as opções e a legitimidade na proposta de valor foi baseada em pesquisa e suposições. Na mesa, as coisas acontecem em tempo real, e as respostas também precisem ser assim.

Legitimidade — o terceiro elemento no círculo de valor

Se as partes de qualquer negociação não acham que o conjunto de opções propostas no final é justo, ou seja, legítimo de seu ponto de vista, é improvável que um acordo seja alcançado. Mesmo que o outro lado fosse forçado a engolir um sapo, é muito improvável que a implementação do acordo seja bem-sucedida, e é quase certo que nenhum negócio entre as partes terá bom êxito no futuro. No caso de negociações estratégicas, o que está em jogo são valores bem mais altos.

Um exemplo disso foi uma negociação de uma *joint venture* (50%/50%) entre um empresário brasileiro e seu sócio europeu, na Europa, que assisti como mentor do empresário brasileiro. Ao final da negociação, o empresário brasileiro pediu minha avaliação. Respondi que ele tinha conseguido todos os objetivos que tínhamos definido antes e que agora eu recomendava que ele saísse da *joint venture* o mais breve possível. Isso foi baseado na minha leitura do "corpo que fala" de seu sócio na saída do encontro. Dois meses depois, o cliente me chamou e pediu para eu assumir uma negociação com seu novo sócio desconhecido da Índia, para vender ou comprar 50% da *joint venture*. O europeu tinha se vingado de um tratamento que considerou ilegítimo e vendeu seus 50% para o empresário da Índia, sem informar ao seu sócio brasileiro. Ele ficou sabendo do novo sócio pelo jornal.

Na preparação da proposta de valor, é implícito que o conjunto de opções a ser proposto seja legítimo, mas a visão do outro lado sobre isso só será confirmada na mesa. Uma das táticas de negociação é, no início, reagir a qualquer proposta como se ela fosse ilegítima. Essa é uma questão de avaliação do negociador e do líder em tempo real. No processo de negociação, é provável que a legitimidade da mistura final de opções surja naturalmente como parte do diálogo, dependendo em parte da cultura das partes e do contexto das negociações.

Um dos aspectos que podem exigir atenção especial é o *show stopper*, ou as "linhas vermelhas", declaradas no início das negociações por um lado ou pelo outro. Elas devem ser levados a sério, embora a experiência em negócios e política demonstre que, no final, tudo é negociável. Por essa razão, o uso de tais expressões é questionável, pois a saída de uma posição, por qualquer razão e se for realmente necessária, pode custar a credibilidade do negociador. No caso de uma negociação estratégica, isso pode implicar inclusive na substituição do negociador para preservar o objetivo da negociação. No caso do negociador designado (N), este pode ser substituído pelo tomador das decisões (D). Se for o D, pode implicar em sua substituição por outro D.

O círculo de valor para criar valor

Conforme indicado na abordagem de Harvard, o processo de cravar reais interesses, enxergar opções e legitimá-las exige paciência e determinação. Muitas vezes, no início, as partes não reconhecem todos os seus interesses na mesa. Provavelmente haverá várias rodadas daquele círculo de valor na mesa, e isso exige tempo e paciência, mas a experiência indica que as oportunidades de criar valor nesse processo são excepcionais. Acontece que, além do tempo necessário para desenvolver aquele círculo de valor, é necessário também que haja cuidado com a questão da linha do tempo.

NEGOCIAR — O *Diálogo* sobre o que Está na Mesa

Dividindo o bolo

A palavra é "diálogo", não "briga". Existe um momento no qual todo o esforço para se criar valor já foi essencialmente esgotado. Sempre existe a possibilidade de voltar à busca de novos valores com base em novas informações, mas a realidade é que, em um certo momento, a atenção precisa focar em "dividir o bolo". Daqui adiante, focaremos em como o negociador indicado, o tomador de decisões responsável pelos resultados, e toda a equipe podem focar em conseguir maximizar os ganhos. Os comentários e conselhos a seguir se aplicam a qualquer negociação de alto valor, seja política, governamental, social etc., mas os exemplos se referem a negociações entre empresas engajadas em negociações de alto valor. Trata-se de como trocar um negociável identificado na proposta de valor por outro.

É entendido, conforme já planejado, que o *lead* nesse diálogo continua sendo o do "negociador designado", o N, sendo este a única pessoa da equipe que deve propor coisas, até a hora de CONCLUIR, quando entra o tomador de decisões, D, para a finalização. Outros membros de equipe (o Estrategista e o Observador) podem, e devem, fazer perguntas e oferecer esclarecimentos quando solicitados, mas apenas o negociador propõe.

O valor de relacionamento

Nesta fase, provavelmente alguns dias já se passaram na mesa, tempo suficiente para as partes se conhecerem e poderem julgar o que o outro lado considera importante. Os principais *negociáveis* já foram apresentados, bem como qualquer *restrição*, os não negociáveis. Mas ainda pode haver alguma surpresa guardada para depois. A estratégia definida pela proposta de valor não deveria ter sido esquecida, mas, nas conversas em paralelo da equipe, ela pode ter sido modificada de acordo com novas informações. É recomendada uma reunião de equipe no final de cada dia para avaliar a estratégia.

Maior maturidade no processo

O desempenho diligente das fases PREPARAR e CRIAR deve facilitar a fase NEGOCIAR, por várias razões. Em primeiro lugar, as partes devem ter uma visão clara do que é legítimo, ou seja, justo. Em segundo lugar, ambas as partes devem estar razoavelmente confiantes de que todas as opções relevantes estão sendo consideradas e que nenhuma oportunidade importante de ganho está sendo negligenciada. Em terceiro lugar, ambas as partes devem ter uma visão mais clara dos interesses, deles e do outro lado. Por fim, assumindo que as fases anteriores foram conduzidas bem, é provável que haja um maior grau de credibilidade e confiança. Isso, por si só, reduz as chances de um lado ou outro tentar empregar táticas maquiavélicas e imaturas. No entanto, há um número infinito de táticas legítimas que podem ser empregadas. É aqui que nos lembramos das lições do início deste livro sobre jogos de soma zero, a arte de ancorar.

O primeiro lance

Quanto à questão de ancorar ou não, para qualquer negociável específico, como preço, cronograma de pagamento, garantias etc., isso depende de inúmeras variáveis. A vantagem óbvia de esperar o outro lado ancorar é que isso pode ser mais favorável do que o esperado. Se não for, continua-se o diálogo. E, se for um caso muito extremo, em vez de repreendê-lo, pode-se simplesmente reconhecê-lo e passar para outro negociável. A mensagem para o outro lado deve ser clara, ou seja, que você não está levando essa âncora muito a sério. Não se deve ter medo de lutar por algo importante, mas nunca se deve lutar desnecessariamente. Se você se sente particularmente fraco em uma determinada área, uma possível tática é a âncora preventiva, para evitar que o outro lado perceba sua vulnerabilidade nessa área. Uma coisa é certa: a linha do tempo não é infinita. Em algum momento alguém precisará propor algo, ancorar, para que a negociação prossiga. Isso faz parte da gestão da linha do tempo.

A pergunta certa

Na fase NEGOCIAR, muito coisa dependa da habilidade do negociador designado, o N, de se comunicar bem, fazer perguntas e escolher com inteligência entre a infinidade de táticas de negociação que existem, assim ele pode moldar o diálogo com o outro lado de modo produtivo.

O bom negociador se comunica usando perguntas, em vez de declarações, assim evitando tomar posições até ter uma visão melhor das possibilidades. Perguntas como "Se nós concordamos com X, você estaria disposto a conceder Y?" devem ser usadas, e não afirmações do tipo "Estamos dispostos a concordar com X se você estiver disposto a conceder Y", pois já indica uma tendência a ceder. Devemos usar perguntas abertas que não podem ser respondidas com sim, não ou com um número, assim encorajando o outro a falar mais e expressar suas ideias. Este conselho não é apenas para o negociador designado, é uma mentalidade que deve ser internalizada por todos aqueles que estão à mesa. E tenhamos em mente que, mesmo em negociações estratégicas, as empresas não negociam, as pessoas é que negociam. Dentro do possível, o perfil de todos na mesa deve ser levado em consideração.

Táticas

Existe uma infinidade de táticas que podem ser aplicadas na hora de NEGOCIAR, algumas absolutamente legítimas, outras nem tanto. Algumas táticas podem ser parte da estratégia definida na proposta de valor. Cabe ao negociador escolher e aplicar táticas que ajudem a influenciar a percepção do outro lado de uma forma favorável, sem prejudicar sua imagem ou a da organização que representa. Para isso, existem alguns critérios que devem ser observados.

1. É muito provável que o negociador do outro lado seja muito experiente e inteligente, talvez mais do que você (difícil aceitar, não?).

2. O uso de táticas maquiavélicas pode ser visto como ofensivo, reduzindo a confiança e a credibilidade.

3. As táticas devem sempre levar em consideração o perfil do outro negociador, que esperamos que tenha sido definido logo no início do processo.

Os argumentos disponíveis para convencer o outro lado a admitir algo em troca de outra coisa variam consideravelmente de uma cultura para outra. No mercado de alguns países, é comum apontar os defeitos de algo que está sendo oferecido. Em outros, é normal elogiar o objeto, ao mesmo tempo em que se lamenta que tal objeto esteja além da capacidade de compra da pessoa. De forma um pouco mais sofisticada, tais táticas chegam à mesa durante negociações estratégicas no que é chamado de "enquadramento".

Aqui, o negociador bem preparado entra em seu portfólio de inteligência em relação ao outro lado para apontar que "os efeitos sinérgicos da aquisição de X aumentarão muito a capacidade do outro lado de comercializar Y" ou que, ao desinvestir no negócio Z, "poderão escapar do 'dinheiro quente' com as taxas de juros absurdas que estão pagando atualmente para manter tal negócio". Psicologicamente, estamos falando de destacar o valor de nossas concessões e minimizar o custo das concessões do lado oposto. Das ruas de Bagdá aos corredores de Wall Street, é essencialmente o mesmo processo de negociação, embora a forma de enquadramento possa diferir consideravelmente. Com a preparação culturalmente adequada, tais argumentos podem ser feitos sem que se crie má vontade, mas isso exige o apoio de alguém experiente nos negócios daquela cultura.

Algumas regras para ajudar

Operacionalmente, existem algumas regras que devem ser mantidas em mente em qualquer negociação séria e que, no caso de negociações estratégicas, precisam ser lembradas não apenas pelo negociador designado, mas por toda a equipe. Elas correm simultaneamente, não em ordem cronológica, e são intencionalmente redundantes. Cinco delas são exploradas a seguir.

A primeira das regras é focar em *redefinir o problema* em termos que evitem gatilhos emocionais e permitam que outros deixem de lado suas posições anteriores. É hora de concordar sobre o que vocês estão discordando. Um acordo sobre qualquer questão dificilmente pode ser alcançado sem pelo menos reconhecer que o problema existe e que precisa ser resolvido. Não é uma tarefa fácil, particularmente no mundo político. Às vezes, o máximo que se conseguirá é o esclarecimento da visão dos lados sobre o que é um problema.

Em negociações estratégicas, a redefinição do problema geralmente é mais produtiva, evitando-se a referência a documentos específicos, como propostas escritas ou contrapropostas que possam conter terminologia "emocionalmente comprometida" ou legalista. Pergunte à Theresa May, do parlamento britânico, sobre suas múltiplas idas e vindas com a União Europeia na tentativa de negociar um BREXIT tranquilo. Em cada tentativa, ela foi bloqueada pelas mesmas "posições" do "acordo original".

Cinco Regras da Negociação

- **Regra 1:** Redefina o problema
- **Regra 2:** Ouvir mais do que falar
- **Regra 3:** Construa e proteja a credibilidade
- **Regra 4:** Empatia com assertividade
- **Regra 5:** Resumir com frequência

Ao redefinir o problema em uma negociação estratégica, temos a oportunidade de evitar terminologia emocionalmente carregada e focar no que, de fato, precisa ser resolvido. Muitas vezes, os problemas podem ser reduzidos a uma pequena lista de questões importantes e declarações simples, como: "Então o problema é o prazo para pagamento" ou "Nosso conflito é sobre esta linha no mapa feito quatrocentos anos atrás por colonialistas". Parece simples, e muitas vezes é. No entanto, antes que isso seja alcançado, muitas vezes é necessário separar as pessoas do problema, especialmente quando as pessoas são o principal problema.

Em relação à segunda regra, *ouvir mais do que falar*, lembramos que temos duas orelhas e uma boca. Deveríamos estar ouvindo o dobro do que estamos falando. Ouvir o que os outros dizem é uma arte e uma arma poderosa. E por "ouvir" queremos dizer mais do que apenas escutar a voz do outro ou ler o que os outros escreveram; precisamos entender o que os outros estão comunicando, por meio da conversa, da linguagem corporal, pela escolha das palavras e particularmente por meio de pausas e silêncio. O maior inibidor da nossa capacidade de ouvir é nossa ansiedade por falar. Normalmente, nossa cabeça está tão ocupada em preparar o que vamos dizer que falta disposição para processar adequadamente o que a outra parte está dizendo.

Esta segunda regra, ouvir mais do que falar, implica em primeiro receber e esclarecer a proposta do outro. As duas vantagens são: 1) pode ser melhor do que você esperava; e 2) suas chances de ser ouvido *efetivamente* são muito melhores quando o outro lado está convencido de que você entendeu a mensagem dele. Isso pode ser feito parafraseando a mensagem do outro e pedindo que ele confirme ou corrija o que você falou.

Em geral, devemos evitar interromper o outro lado quando ele está falando, a não ser quando necessário para esclarecer algum ponto e confirmar que estamos entendendo o que está sendo dito. Se o outro lado não termina nunca e há limite real de tempo, uma opção é bancar o repórter e começar a fazer uma pergunta atrás da outra, terminado com "Oh, desculpe! Eu ainda não falei sobre o que achamos importante".

No caso de você ou seu lado ser atacado — "Você mentiu!", "Está querendo nos roubar!", "Isso é pura má-fé!" —, em vez de se defender, pergunte por que pensam assim. Você não pode curar algo se você não sabe o que é.

A terceira regra é *construir e proteger sua credibilidade* e testar a deles. O poder pode ser delegado, mas a credibilidade é construída. E, para construir credibilidade, você deve ser consistente, e seu *empowerment* deve ser claro. Além disso, dentro do possível, é necessário garantir que você e o outro lado compartilhem as mesmas informações confiáveis.

Evidentemente, quanto mais o outro lado acredita no que você diz, mais provável é que levem suas propostas a sério. Mas, se suas propostas são baseadas em suposições ou em informações que eles não aceitam — mesmo que você as considere verdadeiras —, suas chances de chegar a um acordo não são boas. É por isso que utilizamos perguntas como "Você concorda com esse número ou informação?" Às vezes, para proteger sua credibilidade, pode ser necessário convidar o outro lado a dar uma parada na negociação de valores e focar em definir os critérios que estão sendo usados para julgar o que é e o que não é justo. Por exemplo, qual é a regulação ou taxa de câmbio de referência que deve ser usada?

A quarta regra é *empatia com assertividade*. Ok, mas por que empatia? A maioria dos executivos seniores já teve algum treinamento ao longo do caminho — em cursos de MBA ou workshops — sobre comunicação assertiva, sobre como falar bem. O problema é que esse treinamento muitas vezes deixa de explicar como alguém pode fazer com que o outro lado *ouça bem* o que você está dizendo. Se você é assertivo, o outro lado entende que você respeita o ponto de vista deles e está preocupado em atender as necessidades deles, e assim a efetividade de sua assertividade é reforçada. É uma questão de se comunicar assertivamente e com empatia. A chave para estimular a escuta eficaz do outro lado é incorporar empatia às suas propostas, ou, melhor ainda, em suas perguntas. "Entendemos que você tem um ótimo produto em X. Não gostaria de torná-lo ainda melhor, incluindo os recursos que estamos oferecendo?" Se a qualquer momento seu negociador de equipe designado não usar a empatia, qualquer membro da equipe pode incorporá-la em suas perguntas ou observações, tendo em mente que isso *não é* a mesma coisa que concordar com o ponto de vista do outro lado.

A última das cinco regras simples é *resumir com frequência*. Resumos frequentes nos permitem ter certeza de que nada de importante foi negligenciado ou que prioridades importantes foram mudadas ao longo do caminho. Isso minimiza a possibilidade de um mal-entendido que pode bloquear desnecessariamente um acordo.

Propostas e contrapropostas

Vamos dar uma olhada em como você pode propor e responder à proposta do outro lado. Uma maneira de responder a uma proposta é com uma contraproposta, mas isso tem o risco de rapidamente se degenerar em uma sessão de queda de braço não muito bem pensada, sem critérios. O que estamos procurando é o diálogo, não a defesa desafiadora de posições.

Uma abordagem alternativa, às vezes referida como "montando no cavalo deles", é remodelar a proposta deles em termos que você possa aceitar. Eles retornam à sede deles com um discurso de vitória, e você retorna à sua com o que quer.

Essa técnica começa com uma biópsia ponto a ponto da proposta deles, fazendo perguntas esclarecedoras, demonstrando empatia e indicando vontade de aceitar itens específicos deles, dependendo da aceitação de certas necessidades suas. Isso pode ser feito com frases como: "Entendemos que você está pedindo A. Você estaria disposto a aprovar o nosso B se aceitássemos A?" Nesse processo, você confirma que:

1. entendeu a proposta deles (O quê?);
2. entendeu a necessidade deles (Por quê?);
3. está disposto a dar-lhes algo próximo do que eles estão pedindo em troca de algo de que seu lado precisa.

Esse processo, aplicado às principais prioridades do outro lado, tem a vantagem de focar os interesses deles sem renunciar aos seus e é inclinado a desestimular debates pouco produtivos. Requer, no entanto, cuidadosa gestão da linha do tempo, para permitir espaço para pausas consultivas.

Gestão de concessões

Na preparação da proposta de valor, foram identificadas possíveis concessões e uma possível ordem de sua aplicação. A essa altura, os negociadores de ambos os lados terão informações substancialmente maiores em mãos, bem como a crescente pressão de tempo e expectativas. Ainda assim, os princípios se aplicam. Concessões criativas exigem foco nos interesses prioritários do outro lado, ao mesmo tempo em que acoplam os seus aos deles. Por exemplo: "Entendemos que o novo prazo é importante para você. Podemos cumpri-lo, mas vai nos custar 15% a mais. Então, novamente, isso é muito menos do que o que você vai ganhar com o novo prazo, certo? Então estamos pedindo um aumento de 3% nas caldeiras."

Toda oferta de concessão deve ser acoplada a uma demanda de uma concessão do outro lado, de preferência mostrando um ganho para o outro lado. Duas concessões seguidas sem nenhuma concessão do outro lado, e você está negociando consigo mesmo.

À medida que nos aproximamos do fechamento, ouvimos a expressão "Concordamos, se..." sobre o que não está fechando. É uma tática de negociação para testar a firmeza do compromisso do outro lado com uma demanda específica. A recusa de oferta pelo outro lado indica que ele não está disposto a ceder naquele ponto. A disposição de conversar pode indicar que há uma rachadura na parede.

Finalmente, há a palavra "não". Nem todas as concessões bem enquadradas serão aceitas. "Se fornecermos A, você pode fornecer B?" "Não." "Que tal C com metade de D?" "Não." Se o "não" persistir para um negociável, pode-se passar para outro negociável e retornar a este mais tarde. Obviamente, "não" é uma palavra poderosa e fácil de usar. Jim Camp escreveu um livro chamado *Start with No*,[3] no qual ele afirma que o "ganha-ganha"[4] é uma estratégia ineficaz e, muitas vezes, desastrosa. William Ury, de Harvard, escreveu dois livros sobre o uso da palavra: *Getting Past No*[5] e, mais tarde, *O Poder de um Positivo Não*.[6] Há um ponto em qualquer negociação em que, na verdade, não há como passar por cima de um "não". Chega um momento no qual todas as opções foram esgotadas, todas as combinações de concessões foram julgadas e rejeitadas. O que está na mesa é tudo o que há. Normalmente, esse é o sinal de que está na hora de seguir em frente, decidir e concluir de forma segura e mantendo respeito, pois existe algo após o fechamento, com ou sem acordo.

CONCLUIR — A Decisão Certa da Maneira Certa

Há uma velha expressão nos negócios: "Nunca pegue o último biscoito no prato, não é educado." Foi o conselho do meu pai em relação a preparar propostas para obras de construção pesada.

---

3   CAMP, Jim. *Start with No*. Crown Business, 2002.
4   Aliás, *Start with No* não promove uma filosofia "ganha-ganha" para negociar. Promove uma abordagem justa (legítima) que evita a má vontade como resíduo.
5   URY, William. *Getting Past No*. Bantam Books, 1991.
6   URY, William. *O Poder do NÃO Positivo*. Elsevier, 2007.

Algumas coisas são mais importantes do que fechar o negócio a qualquer custo. Chega uma hora em uma negociação estratégica na qual todos os principais interesses e opções foram explorados e a maioria das metas e limites da proposta de valor original se transformou em algo que precisa ser decidido. Geralmente, as únicas "linhas vermelhas" que ainda fazem sentido são aquelas ligadas à ética, ao *compliance* e à imagem corporativa. Esses são os inegociáveis para qualquer organização que valorize sua marca e sua imagem. De toda forma, nesse momento, o responsável pela tomada de decisão já deve ter assumido a negociação.

Precisamos ter em mente agora que "chegamos a um acordo" não é necessariamente uma medida de sucesso nem um "sem acordo" necessariamente é um fracasso. Se o acordo não for cumprido, ou se houver bumerangues com resultados vingativos, isso não é um sucesso; e, se você não tivesse negociado, não saberia que essa alternativa em particular não é viável.

Algumas alternativas na hora de concluir

Quando se trata de concluir uma negociação de nível estratégico, o executivo tem, na verdade, várias alternativas:

1. Concordar com o que foi negociado.
2. Retirar-se da negociação diplomaticamente.
3. Propor a suspensão das negociações na esperança de que algum fator decisivo mude, o que é raro, mas não impossível.

4. Propor a participação de um terceiro lado imparcial, um facilitador profissional ou mediador, na busca de uma solução (tema do Capítulo 7).

5. Chamar os CEOs e deixá-los resolver o caso.

Se todas as etapas da fase CRIAR forem bem executadas, o próprio processo de propostas, contrapropostas e concessões deve levar a conversa a uma decisão clara entre as duas primeiras alternativas, sem e não. Se for para "sem", é provável que o acordo será melhor do que qualquer um dos lados havia antecipado no início, pois um esforço considerável foi feito para explorar interesses e opções. Se for "não", é porque, com todo esse esforço, a melhor proposta final ainda foi inferior à BATNA de uma das partes.

A suspensão das negociações, a terceira alternativa, pode ocorrer por uma série de razões, incluindo fatores externos, como leis ou regulamentações externas ou tendências de mercado. Isso faz todo sentido quando falta alguma informação externa que pode se tornar disponível no futuro próximo, talvez um relatório de governo ou um julgamento de uma corte superior.

Em muitos casos, quando há muito em jogo e quando nenhum dos lados está disposto a ceder, convocar um terceiro lado, neutro, pode ajudar as partes a encontrar a solução. É real. Em muitos casos, funciona, como foi demonstrado no caso de Abilio Diniz e Jean-Charles Naouri sobre o Grupo Pão de Açúcar, que examinaremos no próximo capítulo.

A última alternativa — chamar os chefes — ocorre com frequência na política, mas, no caso de uma negociação estratégica no mundo dos negócios, é essencialmente uma declaração de incompetência ao lidar com a negociação e uma absoluta falta de *empowerment*.

A conclusão de concluir

Dada a necessidade de tomar uma decisão entre as duas primeiras alternativas, concordar ou desistir, a questão é quando e como isso deve ser realizado.

Desde o início da negociação, o negociador designado (N) deve estar liderando o diálogo, mas, evidentemente, na conclusão, é o executivo responsável (D) que precisa assumir o processo. Essa é uma oportunidade para ele ou ela de reforçar, mudar, ceder ou reverter qualquer coisa, visando concluir com um acordo. Na eventualidade de o outro lado iniciar um fechamento antes, quando o diálogo ainda está com o negociador designado, o N pode gerenciar o movimento, voltando a discutir qualquer interesse ou opção até o líder assumir a negociação.

O líder sábio, quando percebe que está na hora de encerrar as negociações, pede uma pausa para consultar sua equipe, para comparar o que está na mesa com os nove propósitos originais da proposta de valor.

- **O quê?** Os objetivos originais foram cumpridos ou superados?
- **Por quê?** Será que o acordo, conforme a proposta, atende bem aos nossos interesses e aos deles, de modo a poder ser visto como justo? Caso contrário, a boa implementação pode ser prejudicada.

- **Quem?** As responsabilidades pelas ações de implementação são claras e existem terceiros (*stakeholders*) que devem ser consultados?

- **Onde?** Todos os critérios de localização e regionais são claros para todos os lados, sem ambiguidades? Há leis ou regulamentos governamentais que devem ser consultados?

- **Quando?** A agenda é clara e realista?

- **Como?** O processo de implementação é realista, claro e aceitável para todas as partes?

- **Quanto?** Os valores e cronogramas de pagamento são claros, viáveis e aceitáveis?

- **Contexto?** Os fatores políticos, sociais e climáticos são compreendidos e gerenciáveis? Algum *stakeholder* deve ser consultado?

- **Cultural?** Os fatores transculturais são compreendidos e tratados adequadamente? Há empatia cultural?

Qualquer tomador de decisão maduro sabe que cada uma dessas questões envolve algum grau de risco, mas, ao considerar conscientemente essas questões com o apoio da equipe, o executivo está abordando os riscos de forma responsável.

A questão final, então, é se o acordo é ou não melhor do que a melhor alternativa, a BATNA, e para isso é preciso verificar novamente a realidade dessa alternativa. Com isso concluído, o líder da negociação estratégica está bem preparado para decidir, comunicar sua decisão ao outro lado e prosseguir.

"Nós concordamos!" Essa simples afirmação é suficiente para gerar a celebração de um acordo, uma celebração que, aliás, pode variar consideravelmente de uma cultura para outra, de um discreto curvar-se pelos japoneses do outro lado da mesa a um robusto abraço e tapas nas costas em culturas latinas. Para a maioria das negociações estratégicas em mercados globalizados pós-pandemia, geralmente consiste em uma série de apertos de mão entre os que estão na sala.

Dada a diligência na fase de negociação, espera-se que a negociação tenha gerado um MOU escrito ou uma minuta de contrato sujeita à finalização pelas respectivas equipes jurídicas após o fechamento. É raro que essa fase pós-negociação gere quaisquer questões que não possam ser resolvidas pela comunicação direta entre os executivos de todos os lados, com a ajuda de seus assessores jurídicos.

O escorpião

Em muitas organizações, é comum que o departamento jurídico inclua uma cláusula padrão, tipicamente no final do contrato, definindo em qual tribunal eventuais disputas futuras serão resolvidas, ou, alternativamente, podem definir um árbitro ou câmara/tribunal arbitral para essa finalidade. Isso pode ser um padrão, mas, para o CEO e o executivo responsável pelos lucros corporativos, é o equivalente a colocar um escorpião no final do contrato. Tais cláusulas podem facilmente se voltar para picar você ou quem está responsável pela implementação de acordo.

Litígios levam anos para serem resolvidos, e, mesmo que o custo direto do processo não seja muito alto, o custo indireto para o negócio pode ser astronômico. Ao final, um juiz sentencia um dos lados a pagar todos os honorários judiciais e custos dos tribunais dos dois lados. Estatisticamente, sua empresa tem 50% de chance de acabar na parte perdedora, bem como provavelmente garantir a má vontade entre as empresas a partir daí. Por essa razão, o executivo sábio insiste em incluir cláusulas alternativas de resolução de controvérsias, o chamado *Alternative Dispute Resolution* (ADR), em seus contratos.

Por que cláusulas ADR? Ao celebrar o fechamento bem-sucedido de um acordo, a última coisa na mente de alguém é a possibilidade de futuros mal-entendidos, conflitos ou disputas. Mas às vezes isso acontece. Com o tempo, as coisas mudam, coisas que não estavam previstas pelas partes negociadoras e, em alguns casos, coisas que simplesmente não poderiam ter sido previstas. As taxas de câmbio variam inesperadamente; novas leis e tratados são invocados; guerras locais exigem redirecionamento. Talvez os executivos que terão que lidar com o problema não sejam os mesmos que estão celebrando o acordo na sala hoje e não compartilham as mesmas relações de boa vontade.

As cláusulas ADR preveem que, no caso de um desentendimento, uma potencial disputa, um lado informe o outro que existe uma disputa e, em primeira instância, solicite uma negociação sobre o objetivo da disputa, o que normalmente requer alguns dias para ser resolvido. Se nenhum acordo for alcançado, um mediador ou entidade mediadora neutra predefinida é chamado para auxiliar as negociações, o que, normalmente, na pior das hipóteses, requer algumas semanas. As mediações são bem-sucedidas na maioria dos casos. Apenas como último recurso, a disputa é referente à arbitragem ou litígio.

ADR Passo a Passo

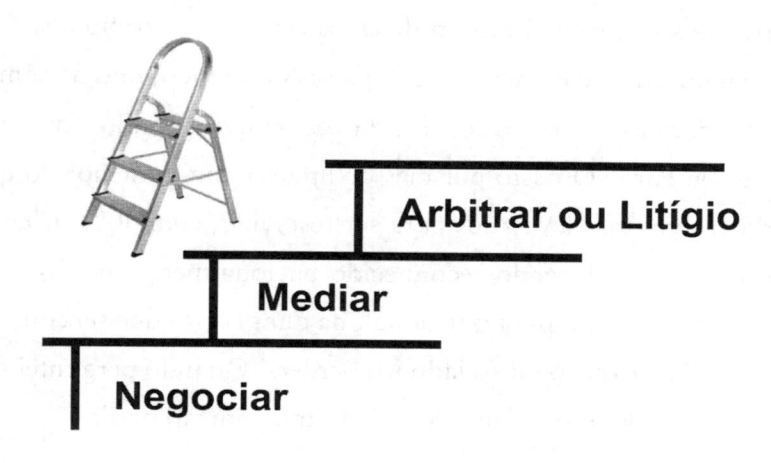

- Negociar
- Mediar
- Arbitrar ou Litígio

Em uma cultura corporativa inteligente, um executivo líder de uma negociação estratégica não sai da mesa e deixa o acordo com uma potencial bomba nas mãos de outro. A responsabilidade pelo sucesso da implantação de um acordo não termina quando os executivos saem da sala. Da mesma forma, quando o líder de negociação informa o conselho de C-Level que está conseguindo o acordo, uma das perguntas que o CEO deve fazer é: "Há uma cláusula ADR?"

Normalmente, as chamadas cláusulas ADR incluem uma previsão pela qual um lado notifica o outro de que quer renegociar algo, normalmente com prazo relativamente curto, de trinta a noventa dias. Se não houver um acordo, passa-se para uma fase de mediação com um mediador neutro aceito pelas partes, também normalmente com prazo relativamente curto. Se ainda assim o caso não for resolvido, passa-se para o litígio ou arbitragem.

A arbitragem tem a vantagem de ser definitiva, não há apelação, mas é um processo caro, pois tem todo o vigor de um tribunal, chefiado por um juiz arbitral. Pode levar mais de seis meses, com impacto negativo nos negócios. Existem diversos centros (ou tribunais) de arbitragem no Brasil e na maioria dos países no mundo, mas as câmaras mais conhecidas estão em locais neutros, como Miami, Nova York, Londres ou Paris. O custo por mês de litígio é muito menor do que o da arbitragem, mas leva anos para ser resolvido, com 50% de chance de derrota. Um advogado reconhecido nacionalmente me disse uma vez: "Quando eu vou para o tribunal, há duas coisas que sei com antecedência. Uma é que o outro lado vai perder." Quando perguntei sobre a outra coisa, ele respondeu: "Meu lado também vai perder."

Muitas vezes, quando advogados corporativos se aproveitam de cláusulas-escorpião para entrar no tribunal, estão totalmente conscientes das ameaças em termos de custos diretos e indiretos de uma longa batalha no judiciário, e na realidade isso faz parte de uma estratégia para negociar algo em troca de um acordo de desistência.

"Decidimos nos retirar da negociação" é uma frase que deve ser bem enquadrada para preservar relações futuras potencialmente valiosas. Dado o nível de negociações estratégicas até este momento, é improvável, mas não impossível, que a declaração provoque uma concessão final do outro lado. Da mesma forma, quando você é o responsável pela tomada de decisões, precisa estar preparado para o caso de haver tal declaração. Se sua estratégia incluiu reservar uma concessão para essa possibilidade, seria a hora de aplicá-la, sabendo que isso pode ter algum custo para a sua imagem como negociador.

Geralmente, negociações estratégicas de alto valor não resultam em concessões de última hora, mas a declaração de se retirar pode provocar qualquer uma destas consequências:

1. Proposta de suspensão temporária;
2. Proposta de mediação;
3. Jogar para o alto.

O executivo responsável pela negociação deve estar preparado para essas possibilidades, e quem declara a saída pode esperar a pergunta: por quê?

Ninguém é obrigado a explicar os motivos ou expor sua BATNA, mas os interesses futuros requerem que, no mínimo, a resposta seja respeitosa. Além disso, uma expressão de gratidão direcionada pessoalmente aos indivíduos do outro lado da mesa é um bom investimento em relacionamentos futuros.

A partir daí, a missão do executivo líder é informar ao CEO, e provavelmente ao conselho, pois era uma negociação de alto valor e que envolveu um investimento significativo. Assim, ele deve se reunir com sua equipe e iniciar a revisão e implementação de sua melhor alternativa, o que deve ter sido confirmado antes da tomada de decisão. Uma comunicação bem escrita e diplomática para o outro lado, encerrando oficialmente a negociação, é algo indicado, a não ser que a intenção seja a de deixar a porta aberta.

RECONSTRUIR — Um Investimento no Futuro

Em qualquer negociação comercial, há a tendência de, a partir da conclusão, rapidamente focar a atenção no próximo desafio. Isso é natural, tempo é dinheiro; no entanto, não deixe de levar em consideração o fato de que: a) durante a negociação e o fechamento, é provável que certas tensões psicológicas tenham sido criadas e que não sejam facilmente dissipadas; e b) isso pode afetar negativamente o relacionamento, o *networking* e a reputação do executivo no futuro.

Se a negociação resultou em "Nós concordamos", é provável que você lide com essas pessoas no futuro. Se não, você nunca sabe com quem se encontrará em uma reunião do conselho no futuro. Por essa razão, recomenda-se que RECONSTRUIR seja um passo consciente no processo de negociação. Custa pouco e pode ser bastante lucrativo.

Quais são, então, alguns dos passos ou atitudes que podem ser tomados para reconstruir as relações no final de uma negociação estratégica às vezes longa e difícil? Quando a negociação termina com um acordo, existe uma tática que às vezes é chamada de "*token*", que envolve identificar um interesse de categoria "diferente", de menor valor, no início de negociação, e se recusar a incluí-lo no acordo durante todo o processo. Então, *após o fechamento*, o líder da negociação faz a inclusão do *token* gratuitamente, como um sinal de boa vontade.

Há uma série de outras ações simples nos momentos pós-fechamento que qualquer negociador, incluindo executivos, podem usar.

- **Elogiar.** Cada pessoa é boa em alguma coisa, e cumprimentos sinceros geralmente são bem recebidos, haja ou não um acordo. Evidentemente, deve-se tomar cuidado para garantir que o elogio seja visto como sincero, e não percebido como ironia.

- **Escrever o discurso de outro.** No caso de um fechamento com sucesso, a expressão de William Ury, "Escreva-lhes seu discurso de vitória", de seu livro *Getting Past No*, se aplica. Mesmo no caso de nenhum acordo, pode-se reconhecer os esforços do outro lado para chegar a um acordo. Em princípio, consiste em apresentar o outro lado com algo positivo, verbal ou por escrito, que eles podem levar de volta ao seu CEO. Não custa nada e pode ter um grande valor para eles.

- **Reconfirmar legitimidade.** No caso de um acordo fechado, expressões como "Fizemos o certo" ou "É um acordo justo" mostram o reconhecimento da compatibilidade de valores entre as organizações. Mesmo no caso de nenhum negócio ser fechado, o reconhecimento de valores mútuos pode facilitar negócios futuros.

- **Confirmar *compliance*.** Nas últimas décadas, o forte crescimento de *compliance* criou a necessidade de reconhecer que os critérios, bem como os gestores responsáveis, foram respeitados.

- **Future Pacing.** Trata-se de uma técnica simples de vendas atribuída ao guru de vendas Zig Zigler, que, no caso de negociações estratégicas, seria o equivalente a uma pausa, no momento da assinatura do MOU, para perguntar ao executivo do outro lado: "*Por que* vocês estão entrando nesse acordo? Por que ele é bom para a sua organização?" Ao ouvir as respostas do executivo do outro lado, você está inconscientemente se preparando para responder as críticas internas que pode ter que enfrentar ao retornar à sua organização. É uma pergunta que todo executivo deve se fazer ao concluir um acordo, pela mesma razão. O efeito é reforçar sua capacidade de defender o acordo.

A importância do RECONSTRUIR como parte do processo de negociação estratégica é garantir que esse momento e essas atitudes e ações não sejam esquecidos após o encerramento. Mais uma vez, custa pouco e é um bom investimento. Pode ser bastante lucrativo.

CAPÍTULO 7

O TERCEIRO LADO

Vencendo Impedimentos

No capítulo anterior, concluímos os conselhos sobre como preparar e gerenciar uma negociação estratégica de alto valor. Mas o que acontece quando surge um impedimento para o acordo e nenhuma das partes está disposta a ceder nem desistir? Há muito em jogo, e ambos os lados estão dispostos a brigar pelo que querem. Nas palavras do antropólogo William Ury, *"É preciso dois lados para brigar, mas um terceiro lado para parar* a briga."

Existem situações nas quais, independentemente do quanto você aplique tudo que nós estudamos até agora, ao final, a ZOPA aparentemente será negativa. Você só está ouvindo "não", e eles não estão trazendo nada de novo que você possa aceitar. Você está impedido de avançar, mas não pode desistir. A BATNA não é boa, e realmente há muito em jogo, para você e para aqueles que você representa. O que fazer?

O objetivo deste capítulo é explorar como algo chamado "o terceiro lado" pode ajudar negociadores estratégicos de alto valor como você a eliminar os impedimentos de um acordo em uma situação como essa, quando nenhuma das partes está disposta a ceder nem a desistir da negociação. Como dito, o custo dessas situações é alto demais. Veremos como o terceiro lado funciona mundialmente e no Brasil e como você pode aproveitá-lo para desintrincar aquela negociação estancada.

O professor William Ury, como já mencionado, é um dos fundadores do *Program on Negotiations* (PON), da Universidade de Harvard, e coautor do best-seller *Getting to Yes*. No ano 2000, Ury escreveu outro livro, menos conhecido, intitulado *The Third Side*.[1] Naquela época, tive a oportunidade de participar de um grupo de trabalho liderado por Ury no Boulder City, em Colorado, que resultou na fundação do Third Side Institute. Desde então, Ury se dedica à resolução de conflitos de toda natureza, cujos cenários vão desde o pátio de uma escola até a sala de reuniões das cúpulas corporativas e gabinetes dos chefes de governos mundiais. As ideias de terceiro lado estão em diversos livros do professor Ury, em numerosos vídeos do YouTube e no atual PON.

O caso mais conhecido da aplicação do terceiro lado no Brasil foi a disputa entre Abilio Diniz, do Grupo Pão de Açúcar, e Jean-Charles Naouri, CEO do grupo francês CASINO. A briga já durava mais de dois anos, custando caro para ambos os lados. Todavia, com a entrada

---

[1] URY, William. *The Third Side*. Viking Penguin, 2000.

de Ury como o terceiro lado, a disputa foi resolvida em sete dias, e o empresário Abilio Diniz foi liberado para seguir seus sonhos. Mas por que aquela negociação não foi resolvida durante tanto tempo, e o que aconteceu com a entrada de Ury como o terceiro lado que ajudou Diniz e Naouri a chegarem a um acordo? Vamos explorar esse e outros casos reais para ver como o terceiro lado pode ser aproveitado para vencer impedimentos em negociações de alto valor, seja de negócios, política, sociedade ou em família. Aliás, uma das negociações estratégicas mais difíceis de resolver, como já observado, é quando há membros de uma mesma família envolvidos. Nesses casos, virar as costas e ir embora geralmente não é uma opção, e a briga pode durar anos.

Iniciamos este capítulo com uma visão geral das principais alternativas disponíveis para resolver diferenças com outras organizações. A partir disso, seguimos com a visão de William Ury sobre como *prevenir, resolver* e *conter* os efeitos negativos de conflitos. Veremos como ela pode ser aplicada para resolver impedimentos de negociações de alto valor na realidade brasileira e como esses conceitos são aplicados nas práticas do dia a dia. Por fim, veremos o que você pode esperar da mediação, que é um dos meios de terceiro lado mais desenvolvidos em nosso país.

Nota: este capítulo é uma leitura recomendada também para qualquer pessoa que atua como terceiro lado, bem como para o C-Level em geral e toda a equipe citada no capítulo sobre a proposta de valor.

Meios Diversos para a Resolução de Diferenças

Existem diversos meios alternativos para tentar resolver os impedimentos que bloqueiam a habilidade de negociadores chegarem a um acordo e quando nenhum dos lados está disposto a ceder ou desistir. Evidentemente, o primeiro é continuar negociando, mas já estamos dizendo que isso não está dando resultados. O outro é chamar um mediador, o que veremos mais adiante. Então, quais são as demais alternativas?

Poder financeiro

Quando você tiver mais poder financeiro ou comercial do que o outro lado, uma opção é utilizá-lo externamente para forçar o outro lado a aceitar suas condições na negociação em andamento. Isso pode assumir muitas formas, tais como comprar algum material crítico para a linha de produção do outro, prejudicar sua linha de financiamento ou contratar seu VP financeiro. É evidente que normalmente o uso de poder dessa forma tem algum custo e pode criar uma motivação de vingança duradoura.

Pressão política

Grandes organizações envolvidas em negociações de alto valor às vezes tentam usar seus "amigos políticos" (fruto de contribuições para campanhas políticas) para colocar pressão no outro lado. Isso pode criar dificuldades para oferecer facilidades na resolução, em troca de uma maior flexibilidade nas negociações, seja a recusa de licença para uma obra importante ou a investigação de um ato ilegal praticado pela outro lado. O problema com o uso dessa abordagem, no entanto, é que tende a criar dívidas com aqueles "amigos", que podem cobrá-lo no futuro, às vezes de forma inconveniente.

Arbitragem

No Brasil, a Lei de Arbitragem, n. 9307/1996, tem a vantagem de ser uma forma definitiva de resolver diferenças, incluindo aquelas que estão atrapalhando um acordo em uma negociação de um valor muito alto. A vantagem da arbitragem é que não há recursos à sentença do árbitro escolhido pelas partes, e em um prazo de aproximadamente seis meses a questão é resolvida. A sentença do árbitro é final e tem de ser cumprida pelas partes. No meio tempo, a negociação estratégica pode continuar, lembrando que não é incomum que negociações dessa ordem levem mais de um ano para serem concluídas. O máximo que pode acontecer após isso seria a sentença arbitral ser invalidada perante o Poder Judiciário, em situações muito específicas, mas isso é muito raro. A desvantagem é que é um processo relativamente caro, mesmo sendo dividido pelas partes, e a decisão pode ir contra seus interesses.

As partes de uma arbitragem podem nomear qualquer pessoa como árbitro ou árbitros. Mas, para casos de alto valor econômico, como estamos considerando, normalmente as partes escolhem o caminho da arbitragem institucional, elegendo uma das câmaras de maior renome nacional ou mesmo estrangeira. Para isso, é necessária a assessoria de escritórios de advocacia especializados, com experiência em arbitragem, particularmente em outros países, pois as leis e práticas de arbitragem lá podem ser muito diferentes daquelas do Brasil.

Pressão de ação judiciária

Toda organização de porte tem uma equipe de advogados, e o caminho do judiciário existe para ser utilizado. Contudo, todo executivo no Brasil sabe que, a caminho do judiciário, *não* se resolvem diferenças em um tempo aceitável, a não ser como uma tática de pressão. A facilidade de apelar consecutivamente no sistema jurídico nacional condena qualquer processo a anos para ser resolvido. Quando é usado em questões relacionadas a negociações estratégicas, é porque faltou autogestão a alguém, esse alguém está com muita raiva ou está usando isso como uma tática de negociação para tentar obter uma posição mais flexível do outro lado. Porém, considerando que os dois lados da negociação são pessoas maduras, executivos experientes, é muito questionável o uso da pressão de uma ação judicial como tática de negociação.

Facilitação

Quando há múltiplas partes envolvidas em uma negociação, o uso de um facilitador profissional neutro para conduzir uma ou mais reuniões pode ser uma alternativa interessante. É importante que o facilitador seja neutro, sem nenhuma ligação com nenhum dos lados do problema, e que seja um profissional com prática comprovada em facilitação. O diálogo gerenciado pelo facilitador pode dar um reinício (um *reboot*) ao diálogo, deixando alguns fatores emocionais para trás e criando para todos uma oportunidade de ouvir melhor os argumentos dos outros.

Ação pessoal

Não devemos subestimar a influência pessoal da pessoa certa na hora certa. Foi a recomendação da mulher e de Abilio Diniz que acabou trazendo William Ury, resultando na resolução de uma negociação travada havia mais de dois anos. A questão aqui é quem estende a mão a quem, quando e como. É necessário ser alguém que o receptor estará disposto a ouvir, alguém de família, um amigo(a), alguém de alguma ordem religiosa que ele respeita. Quando? No momento em que a adrenalina abaixar. Como? Hoje em dia, pode ser por um WhatsApp fechado, uma conversa telefônica ou, preferivelmente, uma conversa em um lugar sem interrupções.

Mediação

A mediação é uma forma de terceiro lado muito desenvolvida e utilizada no Brasil. Por essa razão, a última parte deste capítulo é dedicada a explicar como ela pode ser bem aproveitada para resolver os problemas que bloqueiam a resolução de negociações importantes.

O terceiro lado

A abordagem sugerida por William Ury, examinada a seguir.

Uma Visão do Terceiro Lado

Em linhas gerais, veremos o que é o terceiro lado na visão de Ury e como isso se aplica à questão de prevenir, resolver e conter conflitos que constituem impedimentos às negociações estratégicas.

O professor Ury inicia seu livro sobre o terceiro lado questionando se a humanidade está destinada a se envolver em conflitos. Não tem jeito? Somos assim mesmo? Fomos sempre assim? Ele demonstra que os estudos arqueológicos indicam que, durante 2,5 milhões de anos, seres similares aos seres humanos viviam em paz neste planeta e que apenas nos últimos 10 mil anos o ser humano começou a brigar por território, pelo poder de liderar, de ser o proprietário de algo, inclusive de outros seres humanos.

Assim, Ury explora sua experiência como antropólogo que lida com povos indígenas, em diversos lugares remotos no mundo, para demonstrar a arte de resolver conflitos. Ele aprendeu que muitos povos tribais são, de fato, bem mais avançados do que seus similares "modernos", no sentido de que cada indivíduo é treinado em prevenção (esconde a arma de alguém que está bravo), respeita o conselho do mais velho, tem a consciência de que o chefe é o árbitro e que a disputa pode ser resolvida com diálogo no conselho, em volta da fogueira, à noite.

Ocorre que o ser humano moderno, com seu smartphone à mão, perdeu sua referência pessoal ligada a um grupo maior, uma vez que não há o sentimento de pertencer a uma tribo ou a uma família estendida que o ensine a lidar com conflitos de forma construtiva e perspicaz. Contemporaneamente, o sentimento de pertencimento, com a tribo sendo o país, aflora apenas em época de guerra, por exemplo, a da Ucrânia ou, historicamente, as duas grandes guerras mundiais.

Há muitas razões para conflitos na sociedade moderna. Segundo Ury, um chefe de uma tribo na Namíbia disse a ele que, quando os poderes coloniais obrigaram sua tribo a sair da floresta e morar na vila Tsumkwe, teve "gente demais morando no mesmo lugar, não tem mato para andar, a briga vai seguindo você". As populações do Rio de Janeiro, de São Paulo e de centenas de outros lugares no Brasil podem ter bastante empatia com tais declarações.

As três principais formas de gerenciar conflitos de acordo com a visão do professor Ury são: *prevenir, resolver* e *conter*. Ademais, veremos como esses três itens podem ser aplicados para evitar e eliminar impasses em acordos de negociações estratégicas de alto valor.

Na visão de Ury, a primeira linha de ação para lidar com conflitos de qualquer natureza é PREVENIR, e para isso o terceiro lado pode agir como provedor, professor e construtor de pontes.

São medidas que podem ser tomadas previamente para reduzir tensões e os riscos de conflitos que podem gerar um *impasse* na hora de concluir uma negociação de qualquer natureza, inclusive as estratégicas de alto valor. Na sequência, exploraremos como um terceiro lado imparcial pode usá-las para atingir o objetivo de evitar disputas nocivas.'

Evitando os Efeitos Negativos dos Conflitos

```
Limites ─ ─ ─ ─ ─ Conflito Destrutivo Violência, e Guerra ─ ─ ─ ─ ─ ─

              Disputa        CONTER
              de Poder

         Conflito            RESOLVER
         Nítido

    Tensões
    Latentes                 PREVENIR
```

Uma forma de agir como provedor seria desenvolver uma cultura corporativa com melhor gerenciamento de conflitos internos e externos. O livro *Gestão de Conflitos*[2] recomenda a criação do cargo de *gestor de conflitos* para isso, subordinado ao diretor de Recursos Humanos ou diretamente ao CEO. Seria equivalente ao *provedor* do terceiro lado de Ury. O papel do gerente de conflitos é evitar casos de conflitos desnecessários e criar uma cultura corporativa que promova o uso de conflitos de forma construtiva. Realizado por alguém adequadamente preparado, o gerente de conflitos ou *provedor* pode ser um elemento lucrativo, devido à redução de custos de conflitos contraprodutivos.

---

2 BURBRIDGE, Anna e Marc. *Gestão de Conflitos*. Saraiva, 2002

Um exemplo de *professor* seria o caso no qual eu sou convidado pela empresa X, no Rio Grande do Sul, para dar treinamento em negociação para o C-Level da empresa. Em seguida, a empresa decide expandir o treinamento para todos os gerentes e alguns *stakeholders*. Isso levou algum tempo, durante o qual o departamento de Recursos Humanos tomou a iniciativa de agir como professor e criou o "Manual de Negociação de X", que foi distribuído em toda a empresa e entregue a todos os novos contratados, como leitura obrigatória. Criou-se, assim, uma cultura interna de negociação, algo de certo orgulho para a liderança de X. Na avaliação da empresa, houve um custo/benefício positivo nesse investimento com a melhor eficácia das negociações internas e externas, reduzindo, assim, os conflitos.

Em relação à terceira categoria preventiva de Ury, o *construtor de pontes*, um dos desafios do terceiro lado é ajudar você a reconhecer o potencial de uma correnteza de conflitos e enxergar algumas ações que você pode tomar para superar tais conflitos.

Um caso interessante de prevenção de conflitos e de construção de pontes é citado no livro de Ury em uma conversa dele com Mintimer Shaimiev, o presidente da República Tártara (que tem uma área e população um pouco maiores do que 10% daquelas da República da Ucrânia). Os tártaros, assim como os ucranianos, têm uma cultura rica, com origem muito anterior à criação da União Soviética e Rússia. Contudo, os tártaros ocupam espaço bem no coração da Rússia.

Acontece que os tártaros, como os ucranianos, queriam sua independência e, apesar das ameaças de Moscou, conduziram um referendo cujo resultado foi esmagadoramente a favor da independência e soberania. Houve ameaça de invasão por Moscou. Nas palavras do presidente Shaimiev, "Fomos independentes por um dia", pois, ao declarar a "República Tártara", o presidente Shaimiev imediatamente iniciou negociações com a Rússia para construir uma ponte e atender a seus interesses. O resultado foi que cada tártaro seria também russo, com dupla cidadania, isto é, seriam russos e tártaros. O resultado foi que os cidadãos da República Tártara têm elevado grau de autogestão e liberdade econômica e continuam usufruindo de sua rica vida cultural, artística e musical. Portanto, a ponte foi construída, e não houve invasão da República Tártara.

Não podemos evitar a pergunta: se os tártaros tivessem construído uma ponte, será que aquela terrível guerra, que ameaçava a paz mundial, poderia ter sido evitada, ser PREVENIDA?

A segunda abordagem de Ury quando se trata de conflitos nítidos é RESOLVER, e para isso ele cita cinco caminhos: 1) mediador; 2) facilitador; 3) árbitro; 4) equalizador; e 5) curador. No escrito sobre o terceiro lado de Ury, ele mostra como os cinco caminhos podem ser aproveitados para a resolução de qualquer conflito. Nosso interesse é saber como os cinco caminhos podem ser aplicados para liberar uma negociação estratégica no mundo dos negócios.

Alguns são mais conhecidos e praticados no Brasil do que outros. Contudo, na realidade, todos podem ser aplicados na resolução de conflitos que envolve negociações de alto valor e, portanto, podem ajudar na resolução de obstáculos a uma solução consensual. Vale ressaltar que o pré-requisito em todos os casos é a imparcialidade perante as partes da pessoa ou das pessoas que atuarão como o terceiro lado. Vamos examinar como o terceiro lado em cada uma dessas cinco formas pode ajudar você a destravar uma negociação bloqueada e conseguir o que quer.

O papel do *mediador* é auxiliar as partes a compreender as questões e os interesses em conflito, de modo que possam identificar, por si próprios, soluções consensuais que gerem benefícios mútuos, seja no núcleo familiar, político, social ou de qualquer tipo, inclusive no ambiente corporativo. Nesse sentido, a mediação é bastante desenvolvida no Brasil, inclusive definida em lei, sendo um dos principais meios de resolver adversidades em acordos em negociações de alto valor. Por isso, dedicamos um espaço mais adiante neste capítulo para familiarizar você com o que se pode esperar de uma mediação em uma negociação estratégica.

No tocante ao *facilitador*, atualmente empresas e outras organizações de maior porte frequentemente utilizam facilitadores para conduzir reuniões, encontros de grupos profissionais ou alinhamento de cúpula da organização de empresas, com o objetivo de facilitar a comunicação entre os participantes. Importante relembrar que, para ser efetivo, o facilitador precisa ser visto pelos participantes do encontro como sendo imparcial. São profissionais altamente qualificados no uso de uma série de ferramentas para esse fim. Um exemplo disso que testemunhei foi um encontro de cientistas brasileiros e estrangeiros para definir recomendações para o governo brasileiro. A facilitadora usou uma técnica chamada "World Café", que estimulou a troca de ideias dos cientistas e a construção de um consenso. Entendi que o relatório dos cientistas, resultado desse encontro, foi muito bem recebido.

No que concerne ao árbitro, a comunidade jurídica nacional e internacional tem amplo conhecimento. Trata-se de as partes concordarem contratualmente a submeterem o julgamento de uma disputa (conflito) a um terceiro predeterminado, o árbitro, sabendo que a sentença deste é definitiva e não pode ser apelada. A vantagem de eleger a arbitragem como meio de resolução da disputa em vez do Poder Judiciário é justamente que a decisão do árbitro é especializada e não está sujeita a recurso, é definitiva. A desvantagem é que os processos tendem a ser relativamente caros e, mesmo com a melhor equipe de advogados, ninguém pode garantir o resultado. Ninguém pode garantir o que vai sair da cabeça de um terceiro, juiz ou árbitro no final.

Observamos que a expressão "árbitro" pode ser utilizada com outra conotação quando relacionada ao terceiro lado e à prevenção de conflitos, ou seja, de modo mais amplo, e não jurídico. Qualquer pessoa que tenha forte influência ou poder sobre os lados de uma negociação de alto valor tem o potencial de atuar informalmente como árbitro, se as partes concordarem. Ninguém é arbitro, "está" árbitro. Basta as partes respeitarem a decisão do indivíduo ou do grupo (conselho) e concordarem em obedecê-la, assim prevenindo os efeitos negativos de um conflito. Isso ocorreu, por exemplo, no caso de dois fornecedores interdependentes quando o cliente é a Petrobras.

A função do *equalizador*, citado por Ury, é relacionada à habilidade de grupos democraticamente compostos em limitar os efeitos negativos de um conflito. A aplicação disso para resolver um impasse em uma negociação estratégica depende em parte das culturas corporativas envolvidas. No seu livro, Ury cita o caso da Semco no Brasil, no qual, segundo seu CEO, Ricardo Semler, os próprios funcionários elegem os executivos e participam dos lucros. Assim, têm o poder de influenciar as decisões do executivo na resolução de conflitos.

O papel do terceiro lado como equalizador também é ilustrado pela influência de grupos externos (sindicatos, *stakeholders* ou outros) durante o processo de negociação, os quais têm interesse nos resultados e têm o poder de influenciar os negociadores, bem como equalizar outros influenciáveis, inclusive o risco de que a pessoa (o negociador) seja o problema.

O papel do último, o curador, como terceiro lado é particularmente aplicável quando o relacionamento entre as partes de uma negociação é muito ruim por causa do desrespeito, seja unilateral ou recíproco, ou por atos que, de fato, causaram danos. Nesses casos, o terceiro lado pode agir como *curador* das lesões, mas não é algo fácil, pois exige muita sensibilidade com relação às dores sentidas pelas partes e poderá levar mais tempo que o disponível.

Para ilustrar como esse conceito pode ser aplicado, citamos uma abordagem utilizada pelo professor de mediação da Universidade de Berkeley, na Califórnia, Daniel Dana. No início de uma mediação, o professor Dana pede que as partes de uma disputa concordem em participar de uma reunião, de noventa minutos, *sem sair antes do final dos noventa minutos*. O papel de Dana como terceiro lado durante, aproximadamente, os primeiros sessenta minutos do encontro é apenas assistir e, se for necessário, ocasionalmente lembrar uma ou outra parte de seu compromisso assumido de não sair antes dos noventa minutos. Pela experiência do professor Dana, após muito desabafar (aproximadamente cinquenta a sessenta minutos), alguém vai se lamentar de algo que fez e que não é muito correto ou admitir que poderia ter agido de outra forma, o que o professor Dana denomina como o "ponto da virada". Nesse momento, ele, como o terceiro lado, interfere a respeito, fazendo perguntas para obter mais esclarecimentos. Começa a fase de cura, que normalmente dura mais uma meia hora.

O papel do *curador* como terceiro lado é o de colocar todas as partes na mesma página e no mesmo lado da mesa, posicionando o problema do outro lado. Mas, para isso, todos precisam estar convencidos de que as outras partes estão entendendo bem a sua dor e sua justa visão do problema, o que não é fácil. É uma técnica muito apropriada para lidar com sócios brigados por cotas limitadas no Brasil devido a uma natureza legal e com relacionamentos entre os sócios minoritários e majoritários.

Ao final da explanação, o CONTER de Ury tem como corolário evitar conflitos destrutivos, violência e guerras provocados por disputas de poder. Para isso, ele cita três caminhos, o *testemunho*, o *referee* e o *pacificador*, cuja aplicação nas disputas de forma geral é nítida, porém, menos impactante para a resolução de impedimentos em acordos estratégicos de alto valor. Uma forma de conter os ânimos das partes em uma disputa de poder é relembrá-las dos altos custos que estão prestes a recolher. Pelo viés de uma análise econômica do conflito, o custo pode ser bem mais alto do que o potencial benefício.

O Terceiro Lado na Resolução de Impedimentos

A visão de William Ury sobre o terceiro lado foi criada para lidar com conflitos de todo tipo, incluindo casos como a negociação entre Abilio Diniz e Jean-Charles Naouri. Evidentemente, nesse caso, funcionou bem, muito bem. Vamos explorar novamente como essa e outras ideias sobre o terceiro lado podem ser aplicadas ao problema.

A palavra "conflito" tende a trazer conotações negativas, mas sabemos que conflitos são naturais e necessários, pois, sem conflitos, tudo continuaria igual, e isso poderia não ser bom. Nosso desafio na vida é gerenciar conflitos de forma a minimizar os efeitos negativos, particularmente quando se trata de negociações estratégicas de alto valor.

CONFLITO É BOM, FOGO NO FERRO FAZ AÇO!

CONFLITO É RUIM, FOGO NA CASA É UMA DESGRAÇA!

SABER A DIFERENÇA FAZ A DIFERENÇA

Para começar, o terceiro lado precisa entender por que as partes estão brigando e não estão conseguindo chegar a um acordo. Se não conseguir enxergar a raiz da briga que está impedindo o acordo, será difícil ajudar as partes a encontrarem a solução.

Por que o impedimento?

Desde o lançamento do livro *Como Chegar ao Sim*, aprendemos que um dos primeiros passos para construir uma solução para qualquer negociação é ir além das *posições* das partes e focar seus verdadeiros *interesses*, os quais nem sempre são óbvios. É uma ideia simples, mas não é uma tarefa fácil.

No caso da negociação entre Abilio Diniz e Jean-Charles Naouri, a briga já durava mais de dois anos, apoiada por advogados experientes de ambos os lados. Havia realmente um impedimento, e nenhum dos lados estava disposto a desistir. Uma forma comum para um consultor abordar o problema seria rever o contrato original (que incluía uma cláusula de arbitragem) e todos os documentos relacionados à ação movida por Naouri na corte de arbitragem de Paris etc. Isso teria levado mais dois anos, sem resolver o impasse. Não foi essa a abordagem de terceiro lado aplicada com a chegada de William Ury.

A solução ao impedimento nesse caso começou com a esposa de Diniz assistindo a um curso de Ury e convencendo seu marido a chamá-lo. O diagnóstico de Ury focou em entender o problema do ponto de vista de Diniz e em seguida do ponto de vista de Naouri. Assim, os reais motivos da briga começaram a ficar mais claros. Para Diniz, a empresa Pão de Açúcar era muito mais do que um ativo da família, era o símbolo da família, o que justificava todas as suas manobras para manter o controle, inclusive fazendo acordos com concorrentes (virtuais inimigos) de Naouri. A reação de Naouri foi descrita como "furiosa" quando ficou sabendo de manobras de Diniz pelo jornal, assim acusando Diniz de má-fé e traição. Lembramos: empresas não negociam. Pessoas negociam.

Com a chegada de Ury a São Paulo, a conversa com Diniz começou. A posição de Abilio Diniz era: "Não me arrependo de nada. Não tenho do que me arrepender. A gente tem que fazer o que a gente quer, e eu fiz." Após conversar com Diniz, Ury pegou um voo para Paris, para conversar com Naouri, que o recebeu com um: "Quem é você? O que quer?" O grande desafio do terceiro lado é inverter o "iceberg" de posições para descobrir os reais interesses, que muitas vezes a própria pessoa nem está enxergando. Isso aconteceu nesse caso, no retorno de Ury para São Paulo, quando, em resposta à pergunta "No fundo, o que você realmente quer?", Diniz, após muitas voltas, disse: "Quero ser livre." Sete dias após a chegada de Ury a São Paulo, a briga de mais de dois anos foi resolvida. Diniz, um dos homens mais ricos do Brasil, se tornou professor de liderança em uma universidade e apresentador de um programa de televisão.

Seria irrealista esperar que o terceiro lado conseguisse a resolução do conflito ou bloqueio de qualquer negociação em sete dias. Pessoalmente, já ouvi à pergunta "O que você realmente quer?" a resposta: "Quero que ele morra!" A experiência indica, no entanto, que a maioria das disputas de alto valor no Brasil é resolvida com mediação em menos de três semanas.

Mediação no Brasil

Como já dito, a mediação existe no Brasil há muito tempo, em todos os ramos da vida: escolar, familiar, corporativa etc. Em geral, advogados conhecem bem a mediação, e, quando impedimentos ameaçam o sucesso de uma negociação importante, é provável em algum momento que o advogado indique uma das entidades de mediação e arbitragem que oferecem serviços especializados nesse sentido.

Na última década, a mediação começou a ter um aspecto mais profissional, com o surgimento de consultorias especializadas em disputas corporativas, entidades de mediação e arbitragem e organizações representando esses grupos. Eu participei, nessa época, do lançamento do primeiro curso de mediação na FGV-Law, o Centro de Mediação e Arbitragem na Câmara de Comércio Americana, AmCham, e trazendo experts estrangeiros para treinamentos de mediação no Brasil.

Atualmente, pode-se afirmar que existe uma boa base de bem-preparados mediadores profissionais no Brasil para apoiar todos os estilos de mediação, inclusive aquele destinado a resolver disputas estratégicas. Em casos especiais, se necessário, podem ser aproveitados mediadores do exterior.

A Lei de Mediação

Com a entrada em vigência do Novo Código de Processo Civil, em 2015, privilegiou-se a busca por soluções consensuais de conflitos, sendo dever de todos os operadores do Direito privilegiá-las. Nesse sentido, nas demandas ajuizadas no Poder Judiciário, foi introduzida a obrigatoriedade da designação de audiência de conciliação ou mediação prévia ao prazo de oferecimento de defesa pela parte citada. A própria lei descreveu em artigos específicos as obrigações e os deveres dos mediadores e conciliadores que atuarão junto aos tribunais a que estão alocados. Caso não haja acordo ou as partes manifestem desinteresse na composição, o processo seguirá seu curso.

No mesmo ano, foi promulgada a Lei de Mediação, cuja importância foi introduzi-la como meio de facilitar a resolução de disputas de forma simples, com a esperança de promover os meios consensuais e reduzir o notório entupimento das vias ordinárias do sistema jurídico brasileiro. São princípios basilares da mediação no Brasil: a independência, a imparcialidade, a autonomia da vontade, a confidencialidade, a oralidade, a informalidade, a neutralidade e a decisão informada.

Ademais, a lei assegura que, na esfera extrajudicial, *qualquer* pessoa de confiança das partes pode ser mediadora, independentemente de qualquer certificado, mas deve ser devidamente capacitada. É seu dever, ainda, revelar às partes qualquer fato ou circunstância que possa suscitar dúvida justificada em relação à sua imparcialidade para mediar o conflito. Portanto, qualquer que seja o objeto da negociação, caberá às partes decidir a viabilidade de seu uso.

A busca e contratação do mediador na prática

Quando falamos do uso da mediação para tentar resolver impasses em negociações de alto valor, o processo muda de figura em comparação com outras aplicações da mediação. A primeira questão é "Quem?". Às vezes, a indicação do mediador, ou a instituição que indicará o mediador, é definida na cláusula ADR, discutida no capítulo anterior. Se não, cabe às partes da negociação sugerir e escolher mediadores experientes, capacitados e competentes, lembrando sempre o princípio de imparcialidade. Dessa forma, os indivíduos escolhidos são convidados a submeter propostas de valor e custos para as partes decidirem juntas, pois, em geral, as despesas relacionadas à mediação são divididas igualmente entre as partes. As instituições têm regulamentos e tabelas de despesas e honorários próprios.

O mediador contratado deve fornecer um *acordo de mediação* a ser assinado pelo(s) mediador(es), pelas partes e por qualquer terceiro, por exemplo, algum *stakeholder* ou especialista que pode ser convidado a assistir ao processo (advogados, peritos, tradutores e assim por diante). Nos termos da Lei de Mediação, e salvo acordo diverso entre as partes, o acordo inclui cláusulas de não divulgação, de sigilo e confidencialidade, ficando protegidas todas as informações e documentos que são trocados durante o processo de mediação.

O custo da mediação

Evidentemente, além do custo do mediador, o procedimento envolve os custos diretos e indiretos que ocorrem durante sua duração, podendo ser algumas semanas ou meses. De toda forma, sob o ponto de vista econômico, o custo é muito menor do que manter uma equipe de advogados no litígio arbitral ou judicial e os custos de um procedimento arbitral institucional ou de um processo judicial, sem data definitiva para terminar e sem resultado previsível.

Mediação tipo *Shuttle*

Existem diversas formas de conduzir um procedimento de mediação, inclusive o chamado *shuttle diplomacy*, aconselhável quando há algum risco de confronto contraprodutivo ou até físico entre as partes. Nesse caso, o mediador conduz uma série de encontros separados com as partes, pelo menos até o final. Um exemplo disso é o caso de conflito entre Abilio Diniz e Jean-Charles Naouri, já citado. A conversa com Abílio resultou em ele mesmo concluindo que o que ele queria mesmo era liberdade para prosseguir em uma nova vida. Ury gosta de chamar isso de terceiro lado, mas pode ser considerado *shuttle mediation*.

A mediação pode ser aplicada para resolver qualquer negociação, inclusive entre pessoas difíceis ou com potencial caráter lesivo. Trago à baila o exemplo de um mediador famoso da Califórnia, que me confessou que já marcou uma mediação na área de embarque do aeroporto para aproveitar o detector de metais.

A utilização da mediação tipo *shuttle* pode ser particularmente útil no caso de disputas entre sócios de sociedades limitadas no Brasil, em que o mal relacionamento pessoal entre as partes é um fator importante. O difícil nesses casos é conseguir que os sócios concordem com o uso de um terceiro imparcial. Isso foi ilustrado por uma tentativa de mediação que assisti na qual um dos sócios de uma sociedade limitada, com 25% de cotas, propôs vender suas cotas ao majoritário que detinha 75%. Os dois sócios tinham criado o negócio de muito sucesso juntos e durante mais de trinta anos foram muito amigos. Porém, quando os filhos assumiram a liderança, o clima de paz se transformou em inimizade, com sentimentos de desprezo e vingança recíprocos. O minoritário passou a considerar seu sócio um aproveitador de seus talentos durante todo aquele tempo, e o majoritário enxergava seu sócio como sendo ingrato e arrogante. O indivíduo encarregado de ajudar nas negociações, essencialmente mediar, foi talentoso e tentou colocar todos no mesmo lado da mesa para resolver o problema, porém, sem sucesso, por duas razões: primeiramente, porque ele não era neutro, já que havia sido contratado pelo sócio majoritário; a segunda razão é que o principal interesse não era o preço de venda das cotas, mas o relacionamento entre os dois sócios.

O processo de mediação

A forma mais comum de mediação de disputas de alto valor no Brasil até a pandemia era a presencial, com todos em uma mesa de conferência ou em outro ambiente definido pelo mediador. A partir do ano de 2000, começou a aparecer, por necessidade, a mediação por teleconferência. Com a gradual saída da pandemia, apesar do risco continuar, as vantagens da mediação presencial voltam a se apresentar, porém agora suplementada pelas facilidades da mediação via Zoom, Teams ou outros aplicativos de teleconferência, e todos continuam sendo parte da realidade da mediação de disputas. A questão é quando e como devem ser utilizados. Em geral, a mediação presencial oferece grande vantagens em termos de "corpo que fala" e a possibilidade de obter muito mais informação sobre as atitudes de todos na mesa da mediação. A telemediação, como podemos chamar, permite juntar pessoas de lugares distantes, mas a visualização de emoções e reações dos outros é muito limitada.

Existem muitos métodos de mediação, porém, tipicamente ela se inicia — seja presencial ou via teleconferência — com o mediador em uma posição entre as partes sendo mediadas, como na cabeça da mesa real ou virtual. Quando se trata de disputas de alto valor, é comum que o mediador indique um local neutro adequado com uma sala principal para reuniões e outras salas menores, para eventuais audiências, separadas para cada parte da disputa.

No início do processo de mediação, após as cordialidades de abertura, é costumeiro que o mediador inicie indicando que gostaria que cada parte apresentasse a sua visão do problema, sem interrupção pelos demais, e pedindo a concordância das partes para a regra de "sem interrupções". A vantagem é que, provavelmente, isso oportunizará que os lados sejam ouvidos pela primeira vez, do início ao fim, atentando-se ao ponto de vista de cada um, sem se preocupar se será interrompido. Caso haja quebra da regra, o que é muito comum, o mediador deverá relembrá-los do compromisso.

Após essa fase inicial, o principal papel do mediador é fazer perguntas de esclarecimento, como "Você poderia explicar o que quis dizer com...?", encorajar o diálogo e administrar a agenda. O bom mediador não faz propostas, não oferece soluções, pois a experiência demonstra que a solução tem que partir das partes para ser duradoura. Quando se trata de altos valores e negociações estratégicas, a chegada ao consenso pode levar dias ou semanas, pois cada lado poderá ter que consultar o conselho de sua organização.

Parte da missão do mediador é resumir e esclarecer os acordos no final do processo para confirmar a solução e ajudar a preparar o memorando de entendimentos, ou outro documento, para encerrar a mediação. Lembrando que, caso haja necessidade de os acordos obtidos em mediação serem transformados em contratos jurídicos, estes serão redigidos pelos advogados.

Como em qualquer negociação, se o obstáculo não for superado, a mediação pode resultar em um "sem acordo", com cada lado partindo para sua BATNA e, provavelmente, envolvendo um prejuízo significativo.

Mediação fora do Brasil

É comum em casos submetidos à arbitragem que a sede eleita fique no exterior, por exemplo, Nova York, Genebra, Londres ou Hong Kong. Na mediação, isso também é possível, porém, menos usual, em razão da informalidade do processo.

CAPÍTULO 8

ALÉM DAS FRONTEIRAS

Gestão de Oportunidades em Lugares Estranhos

O QUE É QUE TODO EXECUTIVO PRECISA TER EM MENTE quando negocia com pessoas de outro país e outra cultura, em lugares estranhos? Talvez a primeira coisa seja que, na casa do outro, nada é estranho para ele.

Muitas, se não a maioria, das negociações realizadas por entidades sediadas no Brasil ocorrem no Brasil, inclusive aquelas de ordem estratégica. No entanto, com a crescente globalização das economias e dos negócios, cabe ao executivo estar cada vez mais preparado para negociações em qualquer ambiente e em qualquer lugar, e isso foi reforçado pela pandemia.

O objetivo deste capítulo é ajudar você a estar preparado para enfrentar negociações estratégicas com estrangeiros no Brasil ou em qualquer canto deste planeta, e com bons resultados.[1] Abriremos a mente sobre o que é um lugar estranho na realidade de um mundo interligado pela internet e partir para coisas às quais você, como líder de uma negociação além das fronteiras, precisa prestar atenção, começando com a segurança para você e as pessoas que o acompanham. Consideraremos algumas das implicações do inglês como língua global para negociações (qual inglês?) e os cuidados necessários de considerar o contexto, especificamente o dos terceiros que não estão na mesa, mas que podem ajudar ou complicar os resultados. Um fator que merece especial atenção para brasileiros em negociações internacionais é a gestão de tempo, pois executivos de outros países podem valorizar o tempo de uma forma bem diferente de nós. Precisamos ser atentos também para o efeito *jet lag* em nossa habilidade de tomar decisões sobre questões importantes e o que podemos fazer a respeito. Por último, examinaremos a questão relativa a você e o *compliance* em negociações internacionais. É um menu e tanto! Vamos começar.

Lugares Estranhos

Negociações não acontecem no vácuo. Em 1999, o professor Salacuse, da Universidade Tufts, nos EUA, usou a expressão "fazer acordos em lugares estranhos" em seu livro sobre o que todo executivo deve saber ao negociar em outros países.[2] Isso foi antes da virada de mi-

---

1 Observamos que a invasão da Ucrânia pela Federação da Rússia colocou uma série de novas considerações na condução de negócios além das fronteiras. Portanto, todo o escrito adiante não se aplica a negociações com a Rússia, os russos ou qualquer país sob o controle da Rússia até a resolução pacífica da guerra na Ucrânia.
2 SALACUSE, Jeswald W. *Making Global Deals*, p 9.

lênio. Podemos dizer que lugares estranhos para nós ainda existem, mas muita coisa mudou desde que o professor Salacuse escreveu aquelas palavras. Atualmente, em uma negociação de nível estratégico, as chances são de que o líder no outro lado da mesa tenha um MBA de Stanford, Oxford, Sorbonne ou equivalente. Mesmo os indígenas na selva amazônica hoje em dia têm *uplinks*, e a maioria das pessoas com quem você vai querer fazer negócios tem acesso às notícias da Fox, CNN, CGTN e outras redes de televisão internacionais. Muito provavelmente, os filhos ou netos dessas pessoas, e os seus, estudam inglês.

Mesmo admitindo a globalização do planeta Terra desde a implementação da internet no início dos anos 1960, somos todos, em um grau ou outro, impactados pelo contexto em que as negociações são conduzidas e pela cultura das pessoas em ambos os lados da mesa. Isso se aplica quando as negociações ocorrem aí ou aqui, seja presencial ou à distância. Hoje, é ainda bem possível que o modo como negociadores gerenciam tais diferenças possa facilitar ou impedir o fechamento de uma negociação importante. Precisamos sempre nos lembrar de que aquele negociador com sotaque britânico pode ser muito influenciado pela cultura de onde foi criado até os 12 anos de idade e pela religião de seus pais em um lugar distante, talvez bem estranho para você. Com certeza, você é produto de onde e como foi criado, seja gaúcho, mineiro, carioca ou baiano. Cada pessoa é influenciada por suas origens, e, quanto mais nos entendermos, melhor poderemos negociar com outros, no Brasil ou no outro lado do planeta Terra.

Segurança

A segurança da equipe de negociadores é responsabilidade do líder da negociação. Quando as negociações ocorrem no seu quintal, você normalmente tem uma ideia razoável sobre qualquer fator externo que possa representar um risco para as pessoas que fazem parte de sua equipe. Mas, quando os encontros ocorrem em lugares distantes, isso pode não ser tão evidente, especialmente quando se trata de um país estrangeiro. Qualquer risco significativo a esse respeito deveria ter sido previsto na fase de preparação, pois nenhum executivo responsável colocará sua equipe e a si mesmo em perigo conscientemente. Isso não exclui, no entanto, a possibilidade de imprevistos ocorrerem durante a negociação. Manifestações de rua são comuns em todo o mundo, e a maioria não terá impacto na reunião de negociadores em algum local discreto, mas, em alguns casos, elas podem ter um impacto no objetivo que está sendo negociado. A maioria dos países tem jornais de língua inglesa que podem alertar a equipe sobre quaisquer questões públicas sensíveis naquele país e que possam afetar o negócio ou o lugar onde a negociação está sendo conduzida. Também é uma questão que pode ser levantada com o outro lado na fase preparatória para negociações em outros países, na preparação da proposta de valor.

Idioma — O Início e o Fim

Hoje em dia, o inglês é, sem dúvida, a língua global e a língua predominante em negociações estratégicas internacionais. É muito provável que seja a língua comum em todos os contatos pré-negociação, documentos, e-mails e outras comunicações entre as partes na arena global quando se trata de negociações de alto valor. Uma possível exceção seria com pessoas de países da língua espanhola, mas isso envolve algumas considerações particulares que examinaremos mais adiante. No caso de brasileiros, negociações em outras línguas são algo raro.

Na maioria das negociações de ordem estratégica internacional, os principais atores na mesa são fluentes em inglês ou têm algum conhecimento da língua. É altamente recomendado que a pessoa que esteja atuando como negociador seja fluente. Quando esse não é o caso, a presença de um intérprete é indicada. Supondo que o inglês seja a língua na mesa de negociações, isso nos deixa com três problemas potenciais: 1) qual inglês; 2) tomador de decisões; e 3) o potencial para mal-entendidos.

O inglês falado varia muito, o que pode ser testemunhado quando alguém de estado do Alabama, nos EUA, pede a alguém de Nova Jersey para repetir o que ele acabou de dizer: "Um pouco mais devagar, por favor." Quando tivermos pessoas da América do Norte,[3] da Índia, da Austrália e de qualquer uma das ilhas do Reino Unido na mesma sala, não será surpreendente ouvir aquela frase novamente: "Um pouco mais devagar, por favor." A prática eficaz dos comunicadores de frequentemente parafrasear, resumir e confirmar a compreensão é particularmente importante nas negociações interculturais.

No que diz respeito ao tomador de decisão, isso pode ser complicado mesmo quando a negociação está em inglês. Se houve um contato

---

[3] *Síl vous plaî ecusez-moi* para nossos amigos em Montreal, Quebec, Laval e Trois-Rivières, pela nossa negligência em não reconhecer a parte mais bonita da América do Norte, onde a bela língua francesa é predominante.

informal pré-negociação entre os executivos líderes, conforme recomendado, o potencial para esse problema é reduzido, pois já existe o início da construção de um relacionamento que facilita a tomada de decisões. Senão, o problema começa em saber por quem e como a tomada de decisões ocorre pelo outro lado. Se for uma delegação japonesa, por exemplo, mesmo nos tempos de hoje, provavelmente será o cavalheiro mais idoso do grupo, que provavelmente permanecerá sem falar. Em outros países, poderia ser uma pessoa muito mais jovem, talvez um parente do dono do negócio. De qualquer forma, é provável que o indivíduo tenha algum entendimento do inglês, mesmo que opte por não falar abertamente, o que pode se dar por vários motivos. Mais uma vez, para ter certeza da comunicação eficaz em qualquer língua, é necessário resumir e confirmar com frequência.

Quanto à possibilidade de mal-entendidos, deve-se notar que o significado de certas palavras em inglês varia significativamente de um país para outro, e, se tradutores forem usados, esse risco é aumentado, pois é preciso ter confiança na qualidade das traduções, e, mesmo assim, erros podem ocorrer. Resumir, parafrasear e confirmar continua sendo a regra.

Negociações de brasileiros com pessoas de língua espanhola exigem alguns cuidados especiais, justamente pela similaridade das línguas. Muitos executivos das duas línguas, particularmente pelo lado brasileiro, acreditam que conseguem seguir alguém falando na língua do outro. Quando eu gerenciava uma subsidiária de um *spin-off* da Universidade Stanford no Rio de Janeiro, meu diretor técnico era Carlos Hurtado, um argentino Ph.D. de Harvard. Ele teve muito sucesso em lidar com executivos do governo e empresários de grandes corporações, inclusive dando palestras em português. Até que um dia alguém me perguntou: "De onde o Hurtado é?" Eu perguntei por quê. "Porque ele fala um espanhol tão esquisito!" Hurtado estava seguro de que ele estava falando em português. E, quando você fala em espanhol, está seguro?

Acontece que 70% das línguas espanhola e portuguesa têm uma base comum, mas algumas palavras com a mesma escrita nas duas línguas têm sentido completamente aposto. Além disso, existe a questão de "qual espanhol", pois, como o inglês, o espanhol também varia consideravelmente. Alguém da Espanha pode ter dificuldade em entender alguém da América Central, bem como o pessoal do planalto da Venezuela pode ter dificuldade em entender pessoas de área costeira daquele mesmo país. Uma chave para evitar mal-entendidos é usar exemplos e perguntar ao outro lado se foi aquilo que eles entenderam.

Quando a língua de comunicação entre as partes não é uma única forma de inglês, é aconselhável adicionar de 20% a 30% do tempo à agenda. Paciência paga. E, quando envolve a língua espanhola, o ideal é ter alguém do seu lado que seja nativo no espanhol deles.

Então podemos reafirmar que, apesar de o inglês ser indiscutivelmente a língua global, ele pode variar consideravelmente. Por isso, é altamente recomendado que o negociador seja fluente no inglês, e de preferência no inglês deles. Quando a negociação envolve pessoas de outras línguas, é igualmente recomendado que a equipe de vocês inclua alguém fluente na língua do outro lado e que preferivelmente esse fato *não* seja revelado. E o mesmo é válido para negociações com pessoas de língua espanhola.

Lidando com Terceiros

Stakeholders

Uma das áreas mais relevantes do mapa de contexto desenvolvido durante a preparação da proposta de valor no Capítulo 5 se refere aos *stakeholders*, aqueles que não estão na mesa, mas que podem facilitar ou complicar a implementação dos resultados das negociações em curso. Em um país estrangeiro, eles podem não ser óbvios. Logo, em negociações com estrangeiros, deve-se levantar a questão e determinar se existem entidades ou pessoas não presentes que devem ser consideradas, e por quê. Para negociações de alto valor, é também altamente recomendado incluir na equipe alguém local e experiente que possa ajudar a identificar *stakeholders* relevantes, alguém fluente na língua local.

Imprensa

Em quase todas as negociações de nível estratégico, um pré-requisito é a assinatura de um acordo de confidencialidade de não divulgação. Isso é essencial para evitar pressões externas indevidas. No entanto, em algum momento, as informações se tornarão públicas, e os executivos, alvos de jornalistas, da TV e de certos políticos. Se for um negócio em torno de oito dígitos (de US$10 a US$99 milhões), provavelmente a notícia se limitará a algo em uma página interior de um jornal local. Mas, se for algo bilionário, certamente repórteres, canais de TV e alguns políticos estarão interessados na história. As coisas podem se tornar particularmente sensíveis quando grupos sociais, religiosos ou políticos se envolvem. Nesse caso, antes do fim da negociação, a questão de como tratar a imprensa precisa ser discutida e decidida pelos líderes da negociação, pois, sem isso, os custos da negligência podem ser bem altos.

Gestão do Tempo Além das Fronteiras

O valor do tempo

Um aspecto específico da negociação transcultural que os executivos precisam ter em mente tem a ver com a maneira como as pessoas de qualquer país lidam e consideram *o tempo*. Essas diferenças, às vezes sutis, podem afetar a relação de alguém com o outro lado e as chances de uma negociação ser bem-sucedida.

Um exemplo disso ocorreu em uma reunião global de diretores de TI de Philip Morris em Zurique, na qual participei como consultor da Philip Morris Brasil. Estávamos sentados a uma grande e elegante mesa de reuniões, esperando o anfitrião suíço iniciar o encontro. Havia apenas uma cadeira vazia. O representante canadense chegou, pediu desculpas pelo atraso e assumiu sua posição na mesa. O anfitrião então começou dizendo: "Senhores, esta reunião estava marcada para as 8h30. Agora são 8h40. Aqui na Suíça não trabalhamos assim." Com isso, ele fechou seu livro de agenda, levantou-se e saiu da sala. Alguém foi atrás dele e em tempo o trouxe de volta à mesa, mas ele tinha transmitido a mensagem. Na Suíça, o atraso pode ser considerado um insulto pessoal. No mesmo dia, cheguei no estacionamento na hora marcada para ir ao jantar do grupo, e tudo o que vi foram os carros saindo. O que eu não entendi era que eu deveria ter chegado dez minutos antes, para aguardar a hora marcada para sair. Tive que pegar um táxi.

Em outros países, um atraso de dez minutos ou mesmo de meia hora é bastante aceitável. No Brasil, é comum que estrangeiros estranhem ao receberem uma agenda com o horário para começar reuniões indicado, mas sem horário para terminá-la. Isso pode ser irritante para o estrangeiro que pretende programar outros compromissos, reuniões via teleconferência ou outras atividades antes de seu voo internacional agendado para aquela noite.

A perspectiva do tempo

Precisamos ter em mente que gestores de outras culturas podem ter uma visão de ciclo do tempo para resultados bastante diferente da sua. Negociações estratégicas muitas vezes envolvem grandes investimentos em M&A, a construção de novas instalações, a abertura de novos mercados etc. As corporações dos EUA geralmente desenvolvem cálculos de Retorno sobre Investimento (ROI) para planos de negócios de três a cinco anos. As corporações europeias provavelmente se sentirão confortáveis com esses parâmetros, outras, não. Howard Raiffa, em seu livro clássico sobre a arte e a ciência das negociações,[4] cita um

---

4   RAIFFA, Howard. *The Art and Science of Negotiation: How to Resolve Conflicts and Get the Best out of Bargaining*, Capítulo 6, p. 78.

experimento de simulação de negociação no qual os israelenses saem à frente dos americanos principalmente devido à sua disposição de tomar uma solução de rota mais longa. As corporações asiáticas também podem ter um ponto de vista como esse. As corporações japonesas são conhecidas por planos de cem anos. E, ainda assim, em outras culturas, o "sentimento" intuitivo do principal tomador de decisão pode ter precedência sobre qualquer número em uma planilha.

Em conclusão, em negociações internacionais, é importante perceber a perspectiva temporal do outro lado e preparar o seu lado para levar isso em consideração.

A zona de tempo e a viagem

A realização de uma negociação presencial na mesma cidade ou em uma viajem curta é uma coisa, mas, quando envolve viagens internacionais, há algumas precauções que devem ser observadas. Numerosos estudos indicaram que o famoso efeito *jet lag* pode impactar nossa habilidade de tomar decisões, particularmente em viagens leste-oeste, com múltiplos fusos horários. O impacto total é sentido no dia seguinte após um longo voo, depois de dormir. É então que nosso relógio interno nos informa que devemos estar em outro lugar. Dependendo da distância, pode levar vários dias para que nossas habilidades de tomada de decisão bem balanceadas sejam totalmente recuperadas. Portanto, o conselho é que, se tiver uma decisão importante para tomar, faça-o antes de dormir ou quando estiver plenamente recuperado do *jet lag*. Tempo é dinheiro, mas uma decisão mal pensada pode custar muito mais do que alguns dias para deixar seu cérebro se ajustar ao fato de que você está no outro lado do planeta. Se a decisão for importante, tire alguns dias de folga para o turismo, para conhecer melhor o outro lado e para pensar melhor.

Outra dica prática é evitar marcar sua viajem de volta para uma sexta-feira à noite. Os executivos do outro lado da mesa, sabendo que isso é típico de executivos estrangeiros, podem aproveitar para usar táticas de pressão no último dia para tirar vantagens. Um exemplo disso aconteceu quando fui ao Japão pelo Departamento de Transporte dos EUA para obter informações sobre o trem de alta velocidade Tokota. Fui bem recebido na segunda-feira por um pequeno comitê de japoneses, a quem apresentei nossa solicitação de informações. Nos dias sequentes, eles me levaram para viajar no trem, visitar estações de manutenção e a alguns excelentes jantares, onde aprendi a brindar, e ser brindado, com bebidas que não conhecia (sem dar grande vexame). Os simpáticos japoneses estavam me tratando com gentileza. Foi apenas na sexta-feira que consegui receber as respostas à perguntas — o objetivo da viagem —, sem tempo para questionar ou aprofundar as respostas.

Eu aprendi que tempo é dinheiro, mas considere a vantagem em uma situação como esta, quando recebi uma demanda do outro lado para renegociar algo na sexta-feira. Eu deveria poder responder: "Desculpe, sinto muito, não podemos. Vamos marcar isso para segunda-feira de manhã." Um fim de semana de turismo na terra do outro pode ser uma apólice de seguros contra a pressão.

O calendário

O calendário em seu celular, notebook ou talvez pendurado na parede é a versão gregoriana de 365 dias definida pelo Papa Gregório XIII, em 1582. Dependendo de onde você estiver negociando, pode ter que levar em consideração os calendários chineses, hebraico, islâmico (Hijri), hindu, budista ou persa.

Compliance e a Lei

A lei de lá

Para o líder de uma negociação internacional, é importante ter em mente que, de um país para outro, há diferenças significativas não apenas entre os sistemas jurídicos, mas também entre *a letra da lei* e *a realidade na qual ela é praticada*. Nos Estados Unidos, em geral, um contrato é muito importante. Para um negociador árabe, a confiança pessoal é fundamental. De acordo com Robert Wong, empresário brasileiro de origem chinesa muito bem-sucedido, o executivo chinês é pragmático e é mais interessado na intenção do negócio do que no acordo escrito ou na lei. Uma carga em um navio em um porto na China pode ficar sem ser descarregada por um bom tempo até o prejuízo não previsto gerado por uma mudança de câmbio ser renegociado. Para japoneses, a relação de confiança tem precedência. Um colega meu da Honeywell Corportation me contou que estava presente à mesa de reunião no primeiro encontro entre os representantes da Honeywell e a cúpula de sua *joint venture* japonesa de antes da Segunda Guerra Mundial. Ele diz que, com os representantes das duas empresas sentados de um e outro lado da mesa, o chefe da delegação japonesa começou tirando um envelope de seu paletó e colocando-o na mesa, sem nenhuma palavra. O americano pegou o envelope, abriu-o e encontrou um cheque referente a todos os *royalties* devidos durante a Segunda Guerra Mundial. Inimigos durante a guerra, mesmo assim os japoneses fizeram reservas para pagar o que consideraram ser uma dívida, independentemente de qualquer lei. Com isso, a alta gestão de Honeywell dispensou qualquer dúvida sobre quem seria sua parceira para novos negócios no Japão no pós-guerra.

O importante é não acreditar que o outro, em seu território, agirá da mesma maneira que você age no seu. Também não devemos assumir que a outra parte agirá com você do mesmo modo que age com um compatriota. Muito dependerá da visão do outro sobre possíveis futuros interesses. O desafio para você, como líder de negociação bem *empowered*, pode ser como explicar tais diferences para o seu próprio C-Level. Um bom alinhamento, conforme examinado no Capítulo 4, ajuda.

Além das diferenças em relação a como a lei é praticada em outros países, existe a questão da complexidade de aplicação de leis dentro de outros países. Desde o ponto de importação (ou exportação) de A para o ponto de consumo (ou origem) de B, existem leis municipais, estaduais, federais e diversos impostos e taxas de uma forma ou outra. Não é assunto para amador. O líder de uma negociação estratégica em outro país precisa ser bem assessorado localmente.

Compliance com a lei

O crescimento do uso do termo *compliance* tem crescido de forma impressionante desde a virada do milênio. Em 2010, poucos gestores no Brasil conheciam a palavra. Em 2020, uma das maiores preocupações do RH nas grandes empresas era como encaixar o gerente de *compliance* na sua empresa. E uma das grandes questões tem sido: *compliance* com o quê? Com a lei, ou com tudo o que o CEO pensa? No mínimo, é *compliance* com a lei, porém isso mesmo tem implicações quando se fala em negócios internacionais para organizações brasileiras.

Para algumas empresas, a prevalência do *descumprimento à lei* (popularmente referida como *corrupção*) tem servido, e continua a servir, como uma barreira para fazer negócios em alguns países. Na realidade, podemos dizer que a corrupção existe e tem existido de alguma forma em virtualmente todos os países. Em alguns países, isso é relativamente tolerado, pois, com um bom advogado, em tempo a punição pela violação de lei é resolvida com uma multa e talvez o afastamento de algum executivo. Em outros países, a corrupção é punida com a decapitação em praça pública do representante da empresa. Por isso podemos dizer que o *compliance* com a lei de lá é um assunto que o negociador brasileiro deve levar a sério quando desenvolve negócios com outros países, particularmente em outros países. Uma das formas que algumas empresas têm utilizado para ter negócios com países onde o padrão de *compliance* não é praticável é trabalhar com empresas intermediárias menos rígidas nesse sentido.

Além do *compliance*

Uma das questões a ser considerada ao negociar acordos de alto valor, particularmente fora do Brasil, é a inclusão, ou não, de uma cláusula que exija *compliance*. Em muitos lugares, tais cláusulas são facilmente aceitas. Em outros, podem ser recebidas com estranheza, pois a questão é: *compliance* com o quê? Normalmente, o cumprimento de lei pode ser assumido, mas, como dito, nenhum país está isento de corrupção, e às vezes existem zonas cinzentas na lei local que permitem a atuação de interesses políticos. Além disso, a própria lei pode estar baseada e ser interpretada por entidades religiosas.

Parte da preparação para uma negociação transcultural durante a preparação de proposta de valor é avaliar realisticamente a disposição dos parceiros de concordar e se comprometer com o *compliance* conforme entendido pela sua organização, aquela que você, como líder de negociação, representa. A assistência jurídica nessa questão ajuda, mas não elimina a responsabilidade de quem assina um acordo com as eventuais consequências do que está escrito.

Lidando com Valores Culturais

Se havia qualquer dúvida sobre a importância de valores culturais para outros povos e para seu relacionamento em negociação com pessoas de outras culturas, o enterro da Rainha Elizabeth II deve deixar claro que isso não é um assunto a ser ignorado.

O valor da empatia cultural

Quando você se encontra com alguém de outra cultura pela primeira vez em negociações de alto valor, os dois lados têm muito na cabeça. Mesmo assim, um pequeno gesto de respeito à cultura do outro pode valer muito para quebrar gelo e facilitar comunicações. Quando eu tinha 19 anos, dei a volta ao mundo sozinho. Eu era absolutamente ignorante sobre o mundo e as culturas dos 22 países que visitaria, mas fazia questão de comprar os livrinhos de *"How to say it in"* árabe, francês, alemão etc. e decorar algumas frases. Valeu. Facilitou a minha vida, e um pequeno gesto neste sentido pode facilitar a sua quando se encontrar com pessoas de outras culturas pela primeira vez. Vale a pena.

O prejuízo da antipatia cultural

"O inimigo do meu inimigo é meu amigo" não é uma postura recomendável, mas saber por quem as pessoas do outro lado da mesa têm respeito é uma informação útil. Isso pode ajudar você a evitar referências ou propostas capazes de atrapalhar suas negociações, e não estamos falando de futebol. A história é cheia de guerras e relações hostis, e nem todas são evidentes. Quando os ingleses invadiram as Falkland Islands (Ilhas Malvinas), a maioria dos brasileiros se levantou fortemente na defesa dos argentinos contra os ingleses e qualquer um que apoiasse os ingleses, incluindo os EUA. Prever possíveis problemas dessa natureza quando se trata de negociações com pessoas de outros culturas, bem como alertar a equipe dos possíveis riscos, faz parte da missão do estrategista (E), assim como faz parte da missão do negociador (N) e da sua, como líder e tomador de decisões (D), conhecer e ser sensível a tais perigos.

Suposições errôneas

Quando se trata de negociações interculturais, é muito fácil para você e para as pessoas do outro lado fazer suposições errôneas sobre pessoas e a informação à mão. Isso é ilustrado por um caso que ocorreu no Rio de Janeiro. Um grupo japonês, representado por uma meia dúzia de japoneses, se encontrou novamente com uma exportadora de café brasileira para negociar o novo contrato de importação. A exportadora brasileira estava representada por um executivo brasileiro de 50 e poucos anos, que estava sempre acompanhado por uma secretária loira que tomava notas, mas nunca se envolvia nas negociações. Em alguns momentos, os japoneses não hesitaram em discutir alguns aspectos do negócio em paralelo, em seu idioma. O que eles não perceberam é que a suposta secretária (uma amiga minha) era, na verdade, chefe do senhor brasileiro e havia morado em Tóquio por vários anos. Ela era fluente no idioma e bem ciente da mentalidade cultural da maioria dos homens de negócios japoneses daquela época com relação ao sexo feminino e à idade. Ela me disse que fez negócios muito lucrativos com aqueles comerciantes japoneses, que nunca suspeitaram que ela entendesse tudo o que eles estavam discutindo entre eles, em japonês. As coisas mudaram, e hoje em dia mulheres ocupam cargos altos no Japão, mas traços da antiga cultura continuam.

Portanto, na preparação para uma negociação estratégica de alto valor com pessoas de outras culturas, uma das primeiras considerações é determinar se a cultura é um fator significativo e quais são os cuidados a serem tomados para lidar com as diferenças além das fronteiras. Lembramos que o gaúcho não é igual ao mineiro e nem ao carioca. Diferenças existem e precisam ser levadas em consideração.

CAPÍTULO 9

ALÉM DO HORIZONTE

O que Há no Futuro

O MUNDO ESTAVA MUDANDO, ENTÃO, EM 2020, COM A PANdemia, mudou mesmo. E ainda vai mudar, e muito. O sucesso de qualquer executivo, e da organização que ele lidera, depende em grande parte de sua habilidade em enxergar além do horizonte e perceber futuras tendências para poder se preparar e preparar sua organização para as futuras ameaças e oportunidades. Alguns chamam isso de sustentabilidade, e inclui a habilidade de negociar estrategicamente nesta nova normalidade. Evidentemente, nossa habilidade de gerenciar o futuro é muito limitada, mas o processo de contemplá-lo nos ajuda a estar preparados para o que vier.

O objetivo deste livro até aqui foi preparar você para participar lucrativamente de negociações de natureza estratégica. O objetivo deste capítulo continua o mesmo, porém com o foco em como certos eventos e tendências podem impactar seu sucesso em tais negociações quando aqueles dias chegarem. Vale a pena investir algum tempo contemplando o que vem além do horizonte.

Não temos uma bola de cristal, mas somos inteligentes e podemos conversar com outras pessoas inteligentes, incluindo aquelas que representamos, sobre o futuro e as medidas que devemos tomar para estarmos bem posicionados para o que vier. Na realidade, os desafios são enormes, bem como as dinâmicas do futuro. Há tendências demográficas e no local de trabalho, presencial e à distância. O planeta está gritando com ondas de calor nunca vistas antes, enquanto buscamos novos meios alternativos de energia na esperança de que não seja tarde demais. O que prevalecerá? Mais microprodução, com novas tecnologias, ou contínuo crescimento da globalização com todas as implicações da dependência de meios de transporte poluentes? Eu ouço pessoas perguntando: como alimentaremos 10 bilhões de pessoas neste planeta? Mas será que essa pergunta não está errada? Talvez a pergunta certa seja: voltaremos a uma população de 5 bilhões de pessoas em um planeta bem melhor? O futuro é mesmo difícil de prever.

O que focalizaremos neste capítulo é como algumas coisas além do horizonte, no futuro não muito distante, podem afetar o "O que" você negociar no futuro, "como" você e até "por que" você deveria estar negociando no futuro não muito distante. São:

- **Negociações bilionárias.** Todo ano ocorre uma série de M&A de valor bilionário no mercado brasileiro. Além disso, existe uma lista de empresas estatais indicadas para privatização, cada uma com um valor bilionário. O sucesso nesses empreendimentos exige que você esteja bem preparado e evite certos erros comuns.

- **Inovações tecnológicas.** Há um mundo de inovações no horizonte representando oportunidades e ameaças a como negociamos, particularmente quando se tratam de valores estrategicamente altos.

- **A sustentabilidade do *compliance*.** Não há dúvida de que o *compliance* é um tsunami em processo que está transformando os negócios no Brasil e o modo como negociações são conduzidas. A questão é quais serão as ameaças que você terá que enfrentar.

- **A revolução dos anos 1920.** O que é, por que e como isso impactará você, sua organização e toda a sua vida.

Isso dito, vamos dar uma olhada além do horizonte.

O Negócio Bilionário

Este livro foi escrito visando negociações estratégicas, quando há muito em jogo. Dependendo de negociador, "muito" pode ser algo monetário ou não monetário, relacionado, por exemplo, à sua carreira na organização ou ao poder de influenciar algo que você considera importante. Quanto ao "monetário", não faltam exemplos de negócios na ordem de bilhões de dólares, tanto no setor privado como no público.

Em julho de 1998, o Brasil preparou mal a venda da empresa Telebras, conforme já mencionado no Capítulo 3. Foi por meio de um leilão na Bolsa de Valores do Rio de Janeiro, com uma multidão de pessoas protestando lá fora, e eu e meus dois parceiros lá dentro, um deles sendo o ex-secretário da Telebras. Era um leilão, cheio de negociações em paralelo. Nosso objetivo era a região de Brasília, e o valor de nossa proposta era de US$1,2 bilhão, a ser pago por nossa cliente, uma grande construtora do Rio Grande de Sul. Nosso *success fee* era de 0,5%.

No dia antes do leilão, descobrimos que o "resseguro" de nosso cliente nos EUA tinha falhado. Começou, então, uma corrida desesperada para substituí-lo. Com nosso cliente chegando atrasado em seu avião particular, conseguimos duas alternativas e, cobrando alguns favores, conseguimos atrasar o fechamento do leilão para até quase meia-noite. Mesmo assim, não deu tempo. Nossa proposta teria ganhado a telefonia de Brasília.

As principais lesões dessa experiência foram: a) o documento gerado para a privatização precisa ser examinado com muito rigor por pessoas qualificadas (no caso da telefonia, foi); b) é necessário um *backup*, uma segunda alternativa, para cada exigência (nisso nós falhamos); e c) é necessária uma boa gestão do tempo (nisso também falhamos parcialmente, mas conseguimos recuperar).

No Brasil, entre os anos de 1990 e 2002, foram realizadas diversas privatizações, incluindo a da Companhia Siderúrgica Nacional (CSN), a da Vale do Rio Doce (Vale) e a da Embraer. Atualmente, estão na pauta para serem vendidas as seguintes empresas públicas, cada uma com a possibilidade de ser um negócio de 1 bilhão para cima (em ordem alfabética):

- ABGF (Agência Brasileira Gestora de Fundos Garantidores e Garantias);

- CeasaMinas;

- CEEE;

- Companhia Brasileira de Trens Urbanos — MG;

- Companhia Docas do Espírito Santo — Codesa (referente à alienação da empresa);

- Correios;

- Eletrobras;

- Eletronuclear (ainda não criado);

- Emgea (Empresa Gestora de Ativos);

- Furnas;

- Nuclep (Nuclebrás Equipamentos Pesados);

- Petrobras;

- Porto de Santos;

- SUS;

- Trensurb (Empresa de Trens Urbanos de Porto Alegre).

Normalmente, as vendas são realizadas por um processo de leilão, mesmo assim, existem muitas oportunidades de negociações de nível estratégico anterior e em paralelo. Para cada uma, os ensinamentos dos últimos oito capítulos deste livro se aplicam, particularmente aqueles sobre a proposta de valor, pois é muito necessário que se prepare uma equipe e inclua pessoas que conheçam bem o negócio, muito bem. E é necessário também muito cuidado com os detalhes de especificações, pois, como no velho ditado, o diabo está nos detalhes, como o resseguro, por exemplo.

No setor privado, existem muitas oportunidades de M&A de grande porte, bilionário, normalmente assessorado por uma competente assessoria jurídica, contábil e de avaliação de valor dos ativos envolvidos. Nem sempre, no entanto, tais talentos estão bem preparados para atuar como negociadores estratégicos. Por isso, contamos com você como leitor deste livro.

Inovações Tecnológicas

A última década tem trazido mudanças incríveis no modo como nos comunicamos e negociamos. Sendo mais "experiente", me lembro de quando o telefone celular era um trambolho do tamanho de um sapato, algo muito caro e apenas para os ricos. O Zoom, antes da pandemia, era um instrumento de telecomunicações apenas para empresas com tecnologia avançada. Hoje, crianças ficam penduradas no celular, e os avós chamam seus netos pelo Zoom, Teams, Google Meet, Jitsi Meet etc. Mudou muito, está mudando e vai mudar. O 5G está chegando longe. O difícil é prever como tudo isso afetará como você conduzirá negociações estratégicas amanhã, mas certamente afetará. Aqui estão algumas formas.

Informação estratégica sobre pessoas

Empresas de marketing e vendas para consumidores tem à sua disposição atualmente enormes bancos de dados sobre os hábitos e as preferências de consumidores. Isso permite ao telemarketing ligar para você já sabendo seu perfil e seus supostos interesses. A mesma informação, cada vez mais completa, pode ser vendida ao outro lado da mesa em uma negociação estratégia. Nos EUA, há acusações de uso de plataformas como TikTok (na China como 抖音 ou Dǒuyīn) para atividades de espionagem e chantagem de pessoas.

Uma das funções do estrategista em uma equipe de proposta de valor é justamente obter informações sobre pessoas-chaves do outro lado. Para isso, o estrategista é aconselhado a aproveitar a área jurídica, o financeiro etc. de sua organização para tentar obter tais informações. Uma possibilidade é adicionar à equipe um técnico com a expressa tarefa de ficar alerta sobre a disponibilidade de informações por qualquer plataforma e medidas para que informações sigilosas não cheguem aonde possam atrapalhar negociações em andamento.

Já foi identificada a possibilidade de que no futuro possam existir bancos de dados e algoritmos, essencialmente *spywares*, para facilitar a coleta de informações sensíveis. Evidentemente, isso é uma via de mão dupla aberta para você e o outro lado da mesa em uma negociação de alto valor.

A quantidade de informações já disponível é enorme. O diferencial no futuro, aparentemente, serão o software e os algoritmos capazes de traçar as redes de relações entre pessoas e interesses diretamente e indiretamente relacionados às negociações. E isso vai além das pessoas diretamente envolvidas nas negociações para incorporar o contexto da negociação e os interesses de *stakeholders* que podem influenciar o real sucesso de qualquer eventual acordo.

A caixa no canto da sala

Para começar, tenho (e é quase certo que você também tenha) uma pequena caixa no cantinho da sala, no home office e no quarto de dormir da casa, que está escutando tudo que falamos, 24 horas por dia, sete dias por semana: a Alexa. Talvez você tenha o Amazon Echo ou Google Nest. A caixa consegue conversar comigo de forma engraçada e é capaz de fazer cada vez mais coisas. Além de responder à maioria das minhas perguntas, também liga/desliga as luzes da sala e outros diversos aparelhos. Acontece que "a caixa" tem um dono, que está aproveitando a informações sobre *mim* e *você* para, sem nossa licença, vender serviços e produtos para *mim* e para *você*. E alguém está cruzando essas informações com o que eu comprei na farmácia ontem e onde farei um empréstimo bancário amanhã.

Assim, eu pergunto: pensando em negociações estratégias no futuro, o que proíbe o dono do sistema da caixa de vender as informações sobre mim (e você) para pessoas do outro lado da mesa em uma negociação estratégica de alto valor? E, olhando além do horizonte, o que impede o sistema da caixa de vender todas as informações sobre *nós* para Elon Musk ou algum russo?

Evidentemente, como uma ameaça à privacidade, a Alexa pode também ser um canal para receber informações sobre o outro lado em uma negociação e, inclusive, com os devidos algoritmos, sobre a BATNA deles. A questão, então, é: o que pode ser feito por você, e por outros, para esse efeito ser algo positivo, e não o contrário?

O telefone celular

Inegavelmente, o crescimento do uso do telefone celular nos últimos anos foi incrível, e algumas das aplicações são boas. Alguns argumentam que esse aparelho está nos emburrecendo, com o esquecimento do nome das ruas, a eliminação às vezes *contraprodutiva* do papel (exemplo, em cardápios de restaurantes) e até aumentando os casos de Alzheimer. A questão é: qual será o papel do celular e de outros aparelhos nas salas de negociações importantes, no futuro? "Favor deixar seu celular etc. com o assistente na entrada de sala" será algo comum e aceitável? Com certeza, a presença de celulares na sala de reuniões será um fator limitador da liberdade de comunicar ideias de natureza confidencial.

Evidentemente, qualquer aparelho dessa natureza na mesa de negociações (seja presencial ou virtual) abre um universo extraordinário de informações em tempo real, incluindo a BATNA, sua e a do outro lado. Também permite a participação clandestina de outros, por exemplo, o CEO, um concorrente ou até a imprensa. Como essa situação se atrela aos acordos de sigilo, às cláusulas de não divulgar (NDA), assinados antes de sentar-se à mesa de negociação? Algo sobre isso deve ser incorporado no NDA? Pode-se confiar que o outro desligará tudo, ou deve haver equipamento de bloqueio de sinal nas salas de reuniões? Se o líder da negociação está *empowered*, conforme descrito no Capítulo 4, a presença de um *overview* do CEO ou similar via celular ou outro dispositivo é desnecessária e plenamente contraprodutiva.

O negociador de coisas importantes do futuro precisará de um novo protocolo, uma espécie de *Non Comunication Agreement* (NCA), que obriga todos os participantes da reunião a desligar seus aparelhos de comunicação ou entregá-los a alguém na entrada de reunião. Assim, pode haver um aparelho dentro de sala que identifique qualquer transmissão não autorizada.

IT e aplicativos de leitura de emoções

Considerável progresso está ocorrendo no desenvolvimento de novos aplicativos que permitem a leitura de emoções humanas: raiva, medo, interesse etc., e, assim, será possível que um computador, olhando ou ouvindo um negociador, diga "Está mentindo" ou "Alta tendência a ceder". Isso pode implicar na necessidade de incluir um elemento técnico na equipe de apoio para negociações de alto valor para aproveitar, ou evitar, o aproveitamento pelo outro lado dessas novas aplicações de IT nas negociações no futuro? No mínimo, é algo cujo desenvolvimento precisamos acompanhar.

Compliance Sustentável

No mundo dos negócios, o uso da palavra *compliance* em inglês é algo relativamente novo. No antigo *Webster's New World College Dictionary*, quarta edição, *"compliance"* é definido como sendo: *"1. complying with or giving in to a request, wish or demand: acquiescence, 2. a tendency to give in readily to others."* Isso quer dizer entregar ou se submeter à vontade do outro e tem a conotação de "fraqueza". Mas, na última década, o sentido da palavra *compliance* mudou muito.

A origem do atual sentido da palavra *compliance* pode ser rastreado até o *Federal Sentencing Guidelines Manual*, de 2010, nos EUA, e não tem nada a ver com se submeter à vontade de outros. De lá para cá, *compliance* veio como se fosse um tsunami, começando com as empresas estrangeiras, mas gradativamente se espalhando para grandes empresas brasileiras. Curiosamente, não temos visto nenhuma tendência para se espalhar por partidos políticos. A busca em dicionários online da língua portuguesa nos leva a acreditar que continua sendo uma palavra estrangeira.

A questão é: até que ponto tudo isso é sustentável no mundo de amanhã, no Brasil? Os comentários a seguir não estão oferecendo qualquer referência moral, são apenas ilustrativos de um problema que pode existir além do horizonte.

Para começar, *compliance* de quê? No início, a palavra *compliance* foi usada no sentido de obedecer às leis relevantes. Depois, foi expandida para se aplicar às normas da entidade. Em muitas organizações mais recentes, se aplica à obediência de qualquer critério aprovado pelo C-Level da organização, em particular o CEO. Surgiram o gerente de *compliance* (o policial interno) e o software para tentar confirmar que todos estão obedecendo aos critérios, quaisquer que sejam. Todas as principais empresas de Management Consulting oferecem apoio para *compliance*. Empresas de seguros, de manufatura, de transporte, bancos, todos correm para definir sua versão de *compliance*. Pessoalmente, já fui convidado a ministrar uma palestra em um grande evento de cúpula de uma multinacional no Brasil cujo tema central do encontro era *"compliance"*. E isso está crescendo. A questão é: até que ponto é sustentável e como isso afeta negociações de alto valor? Para responder isso, precisamos olhar um pouco para trás.

A primeira aplicação de *compliance* se refere à *obediência* da lei, ou seja, contra a *corrupção*, algo que existe de alguma forma em todos os países. Acontece que o Brasil tem uma história notória neste sentido, particularmente quando envolve elementos do governo. Tivemos a Operação Lava-Jato, mas essa luz no fim do túnel aparentemente já se apagou.

Existem muitas formas de corrupção, desde uma simples propina até a inclusão do familiar de alguém na folha de pagamento, este último sendo o motivo para eu ter me retirado de uma empresa no Rio de Janeiro da qual fui fundador. Em uma reunião entre os dez sócios, todos meus amigos, na hora de votar para a inclusão da mulher de nosso principal cliente no DNER como nova sócia, percebi que minha mão era a única levantada contra. Eu não estava *compling* com os interesses deles. Hora de ir embora. Algum tempo depois, em São Paulo, com contrato averbado e assinado para um projeto de dois anos com dez engenheiros de bom nível, fui informado de que, para liberar o contrato, eu teria que doar a "taxa de mobilização" (20% do valor de contrato) para o governador, mas que eu podia ficar tranquilo, pois haveria bons reajustes no contrato. Tenho certeza de que haveria, mas novamente era um *comply* negativo, resultando em eu ser obrigado a desmontar minha equipe e fechar a empresa. Hoje existe *compliance*, mas a maioria dos executivos no Brasil se lembra bem da história de corrupção no Brasil, particularmente quando se tratam de negócios com o governo.

Outra forma de corrupção que todo empresário de grande porte no Brasil conhece bem é associada à palavra "cartel". Um cartel pode ser legal, duvidoso ou simplesmente ilegal. Quando existe um projeto que exige uma série de obras de grande porte, era comum no passado a formação de um cartel composto de quatro ou cinco empreiteiros que combinavam entre si que todos, menos um, deveriam entrar com preços justos de mercado para a obra, e que um deveria entrar com um preço bem menor. Assim, aquele com o preço menor ganhava, excluindo os concorrentes de fora do cartel, e depois (mais ou menos seis meses), o ganhador, de preço baixo, receberia um reajuste compensador. Na obra seguinte, outro membro do cartel entraria com o preço menor e receberia o reajuste em seguida. Evidentemente, para isso funcionar, a autoridade do governo responsável pela obra e pelos reajustes precisava ser parte do cartel.

Diversas obras no Brasil podem ser apontadas como sendo suspeitas deste tipo de cartel ilegal, incluindo o famoso monotrilho da cidade de São Paulo. A questão, neste caso, é relativa a quem autorizou os reajustes nas obras e por que o monotrilho, uma obra bilionária, está parado até a data deste livro. Por que o fabricante dos trens desistiu de fornecê-los? Será que teve algo a ver com a crescente onda de *compliance* lá fora?

O objetivo de citar esses casos é enfatizar que o Brasil tem uma longa história de convivência com a corrupção em diversas formas. Olhando para além do horizonte, será que o *compliance* no Brasil é sustentável? É uma dúvida que deve permanecer na cabeça de muitos C-Levels brasileiros mais experientes, particularmente aqueles que dependem da colaboração de agentes do governo para o sucesso. E isso é algo que vai além da mesa de negociação.

O diretor da empresa X, na reunião com seus gerentes, escuta uma das gerentes de vendas se referir ao gerente de *compliance* como sendo de DPV. É quando o diretor interrompe a conversa para perguntar: O que é DPV? A resposta da gerente de vendas, olhando para baixo, é: Departamento de Prevenção das Vendas. Dada a história do Brasil, até quando e de que forma o *compliance* é sustentável além do horizonte?

A Próxima Revolução

Este autor já passou pela Guerra do Vietnã, o DMZ entre Coreia do Norte e Coreia do Sul em guerra, e visitou muitos países antes de chegar ao Brasil, o qual se tornou sua casa, algo pelo qual ele é muito grato. Desde então, vi o Brasil passar por muitas fases, incluindo a intervenção militar. Agora, olhando além do horizonte, estou enxergando uma nova revolução no Brasil, da qual você, meu leitor, será parte. Permita-me a explicar.

Existem duas nações com a expansão territorial virtualmente igual: o Brasil e os Estados Unidos da América, em sua área continental (sem o Alasca). De fato, o Brasil é 11% maior. Os dois são ricos em recursos naturais, e o Brasil é mais sustentável. Então como explicar que dois terços dos norte-americanos são de classe média e vivem em boas casas com jardins, enquanto dois terços dos brasileiros, os americanos de cá, são pobres? O ex-presidente Abraham Lincoln, de lá, disse uma vez: "Consideramos estas verdades a serem evidentes, que todos nascem iguais com os mesmos direitos à vida, à liberdade e à busca por felicidade." Como é, então, que há tanta desigualdade? O ex-presidente José Sarney, de cá, disse uma: "O Brasil não é um país pobre, é um país injusto." A fala de Lincoln foi seguida pela mais sangrenta guerra de toda a história daquela nação. Creio que não precisa ser sangrenta, mas *está na hora de uma revolução brasileira*.

Logo que cheguei ao Brasil, um amigo banqueiro me disse que os políticos brasileiros faziam questão de manter o povo brasileiro ignorante, pois assim eles podiam controlá-lo e tirar vantagem. Eu achei absurdo, cruel demais para um povo tão simpático como os brasileiros. Chamei de *teoria malvada*. É coisa de escravidão. Não pode ser verdade. Mas como se explica a falta de ação dos políticos para mudar o que é tão claramente injusto?

Está na hora de uma revolução brasileira.

A questão é: como lançar essa revolução? Afinal, qual é a diferença fundamental entre as coisas lá na América do Norte e as coisas por aqui?

Conheço um brasileiro nascido e criado em São Paulo que mora lá, ganha bem trabalhando para uma multinacional, não tem herança significativa e mora em uma casa que vale mais de um milhão de dólares. Então, eu perguntei a ele: qual é a diferença entre lá e cá? Por que não existe uma "teoria malvada" aí? Ele respondeu: é simples; é porque não passa na minha cabeça, nem na cabeça de nenhum dos meus amigos norte-americanos, a ideia de mandar nossos filhos para uma escola privada. Vão todos para a escola pública. A escola pública aqui é boa e dá oportunidades justas para todos. Escola privada, particular, é para quem tem problemas. No Brasil, eu fui criado, educado em uma boa escola privada, que me deu a base para eu me educar em tecnologia. Nunca me formei na universidade. Se eu tivesse estudado na escola pública, não teria ido a lugar nenhum. Essa é a diferença. Aliás, minha mulher é holandesa. No país dela, escolas particulares são proibidas por lei. Todo mundo vai para a escola pública e tem a mesma oportunidade de aprender e ser alguém na vida. É justo.

Então, ficou claro que essa é a diferença fundamental entre as coisas lá e as coisas aqui, no Brasil. Precisamos de escolas públicas de boa qualidade para todos os brasileiros. Os brasileiros não são mais burros do que os norte-americanos; são mais ignorantes, e existe uma grande diferença entre as duas coisas. A ignorância nós podemos eliminar com boas escolas para todos os brasileiros. Com isso, a classe média brasileira cresceria, e a economia também. Quem pensa o contrário é burro *e* ignorante. E não é nada impossível. Se eu, um estrangeiro, consigo enxergar como, deve haver brasileiros que também conseguem. O que precisamos é de uma revolução na liderança política deste país para a mudança começar. *Abaixo à teoria malvada*, abaixo qualquer político que não se comprometa com escolas públicas iguais ou melhores do que as escolas privadas. *Levante-se, brasileiro revolucionário* disposto a brigar por boas escolas públicas, com os salários dos professores iguais ou melhores do que os das escolas privadas, aumentando o orçamento para escolas públicas em 30% a cada ano pelos próximos cinco anos, reconstruindo e reequipando tecnologicamente as escolas em todo o Brasil (internet 5G). Não é uma utopia, mas os brasileiros precisam eleger políticos dispostos a liderar essa revolução.

"Espere, Marc", você diz. "O que isso tem a ver com negociação estratégia?" E eu respondo que tem muito a ver com o seu futuro e o futuro de uma nação chamada Brasil. Por isso o autor tomou a liberdade aqui de falar sobre uma revolução de que a década de 2020 precisa tanto. A questão é onde você fica nessa revolução, pois a vida de todos os brasileiros nas décadas de 2030 e 2040, incluindo seus filhos e netos, depende disso. É *non-negociable* e *doable*. Só depende de você.

Meu robô *versus* seu

Um dos momentos mais surpreendentes de 2023 foi a pedido de Elon Musk e outros líderes no campo da inteligência artificial de parar, frear, o desenvolvimento de IA por ser perigoso demais. Já sabemos que isso é impossível, mas por que tanta preocupação, e quais são as implicações para negociações de ordem estratégica? Em 2022, apareceu o incrível aplicativo Chat GPT, depois o Chat GPT 3, Chat GPT 4 etc., que preocupa professores nas escolhas e facilita a vida de estrategistas (E) numa equipe de negociação. Já existe Chat GPT com reconhecimento de voz. A questão é: quando um robô Chat GPT, com acesso a um imenso volumes de dados sobre a BATNA de outro (e seu), vai assumir o papel do negociador?

CAPÍTULO 10

DO QUE PRECISAMOS NOS LEMBRAR

Quando Há Muito em Jogo

O QUE APRENDEMOS NESTE LIVRO E PODEMOS LEVAR PARA A vida real, particularmente quando precisamos assumir a liderança de uma negociação estratégica de alto valor cujos resultados podem impactar nossa carreira e o bem-estar da organização que representamos? Vale a pena olhar para trás e resumir alguns dos pontos mais importantes, potencialmente os mais impactantes. O objetivo deste capítulo, portanto, é fornecer um resumo dos principais pontos, os mais pertinentes, para ajudar você a guardar e aplicar o que aprendeu neste livro.

Para isso, começaremos reavaliando como somos naturalmente e como podemos gerenciar a nós mesmos quando estamos negociando algo importante, o que podemos extrair de autoconhecimento para alcançar o grau de autogestão de que precisamos para enfrentar com sucesso qualquer situação com qualquer pessoa. Vamos considerar o essencial de uma boa gestão da linha do tempo e rever como podemos captar o *empowerment* de que precisamos para liderar negociações importantes. Com isso, estaremos preparados para preparar e gerenciar o diálogo com o outro lado, o coração dessa aprendizagem. Está difícil? Não há acordo? Vamos relembrar por que e como o terceiro lado pode nos ajudar a parar de brigar. Com tudo isso, estaremos preparados para enfrentar as grandes oportunidades do futuro, seja aqui, no Brasil, ou lá longe.

A primeira coisa que precisamos ter em mente é que existem dois pré-requisitos para uma negociação importante ser considerada uma "negociação estratégica". O primeiro é que seja de *alto valor*, financeiro ou não financeiro. Trata-se de algo que pode impactar você como negociador responsável e aqueles que você representa. O segundo é o *tempo*, que deve ser suficiente para permitir que a negociação seja bem planejada e bem realizada, às vezes durante meses ou até anos. Não se trata de algo que será resolvido em uma ou duas sessões de negociação.

O Problema e Sua Resolução

Começamos este livro focando você e sua tendência como negociador. Qual é a sua tendência natural: *competitivo*, *concedente*, *evasivo* ou *colaborativo*? Não importa qual seja. Importa que você tenha uma visão realista do que é e o fato de que você *não é* prisioneiro de sua tendência natural. Dependendo da situação e do perfil da pessoa com quem se está negociando, você pode escolher um comportamento que lhe sirva bem naquele momento. Porém, quando falamos de negociações estratégicas, o perfil *colaborativo* tem um valor especial, porque o negociador colaborativo, por natureza, quer a melhor solução para todos: para si próprio, para o outro lado e para aqueles *stakeholders* que não estão presentes. O problema é que, para ser colaborativo, você precisa de tempo, o que nem sempre tem. Dependendo da situação, você precisa gerenciar seu comportamento, o que chamamos de autocontrole ou autogestão.

É bem mais fácil falar de autocontrole do que de fato tê-lo, em primeiro lugar porque temos sentimentos e emoções. Como gerenciamos emoções? Não gerenciamos. Emoções surgem de qualquer jeito. O que gerenciamos são nossos comportamentos diante das emoções. Sobre isso, vimos que existe uma série de hábitos que podemos desenvolver e que ajudam em nosso diálogo com os outros, tais como:

- Ouvir mais do que falar;

- Enfatizar o positivo e, dentro o possível, evitar o negativo;

- Fazer perguntas abertas (que não podem ser respondidas com sim, não ou com um número);

- Quando a fala é dura, internalizá-la ("Eu sinto que..."), pois é difícil o outro dizer que não está sentindo aquilo;

- Sempre que possível, trocar as palavra "mas" ou "porém" por "e";

- Envolvê-los na solução ("Como vocês iriam...");

- Se atacado, responder com uma pergunta.

Certo, é mais fácil falar dos hábitos do que torná-los parte de nossa forma de dialogar com outros, mas se lembrar de quais são eles pode ajudar. Pratique editando o que escreve ou fazendo uma placa e colocando-a onde possa vê-la.

O problema maior, como vimos, é quando temos que negociar com alguém de comportamento duvidoso (ou não duvidoso, pois sabemos que é mesmo alguém mentiroso), mas não podemos simplesmente nos retirar da negociação. Isso faz parte do que chamamos de negociar com o Diabo. Estudamos que há duas situações que podemos classificar como "negociar com o Diabo". A primeira é quando o outro lado nos pega de surpresa com uma acusação ou outro desafio. O conselho de William Ury, nesse caso, é "sair de cena" (*go to the balcony*), ou seja, inventar qualquer desculpa para ter tempo para pensar. A segunda situação é quando começamos a concluir que o outro lado está agindo de má-fé. Nesse caso, também vimos uma série de ações que podemos tomar para termos o tempo necessário para verificar o alinhamento do negociador com a cúpula de sua organização e saber se o problema é a pessoa com a qual estamos dialogando ou se isso reflete a posição da organização que ele representa.

Dois Pré-Requisitos para Negociar Bem Estrategicamente

Os capítulos sobre proposta de valor (preparação) e gestão de diálogo (na mesa) constituem o coração do livro em termos de como preparar e conduzir uma negociação estrategicamente, porém, existem certas coisas que constituem a fundação (o que é chamado de *building blocks* em inglês) para essa conversa. A primeira dessas coisas são os fundamentos de negociação (distributiva e integrativa), pelas quais certos conceitos e a terminologia básica foram definidos, por exemplo, expressões como BATNA, ZOPA, ancorar etc. A maioria dos executivos responsáveis por negociações de alto valor já tiverem cursos incluindo esses conceitos, mas, por vias das dúvidas, no Capítulo 2, foram resumidos os ensinamentos básicos de Harvard, que é reconhecida como líder mundial nessa área. E dois outros pré-requisitos são a gestão da linha do tempo e o *empowerment* do líder da negociação.

Gestão da linha do tempo

Há diversas considerações sobre "tempo" de que precisamos nos lembrar. Primeiro: esse é o único recurso que não dá para renovar. Quando acabar, acabou. Precisamos valorizá-lo. O segundo é que tempo é um negociável. "Podemos adiantar o fornecimento de A em dois meses se tivermos um aumento de 15%." Isso é relativamente simples.

Vimos que existe um relacionamento entre *preço* e *valor* de tudo que é comprado e vendido por uma empresa e que grande parte disso é gerenciada por normas e procedimentos da organização criados pelo alto escalão de gestão. A exceção é quando algo normalmente de valor menor ameaça se tornar algo de alto valor e urgente (por exemplo, a falta de algo trivial, mas que pode parar a fábrica se o problema não for resolvido imediatamente). Assim, torna-se um daqueles tipos "D", que obriga um VP a cancelar sua agenda e ir atrás da solução.

O principal que aprendemos sobre a linha do tempo, no entanto, trata-se do fato de que existem cinco fases em uma negociação estratégica que precisam ser gerenciadas para se obter os melhores resultados.

1. *Preparar*, que é tão importante a ponto de o capítulo sobre proposta de valor ser dedicado a isso.

2. *Criar.* Precisamos maximizar o valor antes de dividi-lo.

3. *Negociar.* Temos que maximizar nosso resultado (de forma legítima).

4. *Concluir*, de forma que os resultados esperados sejam garantidos, ou partir para a BATNA.

5. *Reconstruir.* Um pequeno investimento no final, com alto retorno.

O aspecto final da gestão da linha do tempo que vimos tratava das "zonas de tensões", algo muito associado à fase de concluir, em que é comum encontrar táticas de coação às vezes grosseiras. Se isso não for bem gerenciado, pode produzir o *crunch* ou o *supercrunch*, nos quais o negociador é pressionado a fazer concessões de última hora, muitas vezes aquelas que jurou que não faria. E, mesmo assim, ao final, se não for bem administrado, isso pode produzir prejuízos ou um *sem acordo* desnecessário. Ajuda muito nessa hora ter uma visão clara e confiável das alternativas (BATNAs) deles e das suas. Essa deve ser a tarefa de estratégia em sua equipe.

O *empowerment* de liderança

Existe muita coisa escrita sobre *empowerment*, e ainda mais sobre liderança. Porém, o que aprendemos neste livro sobre o papel do *empowerment* no sucesso de uma negociação estratégica de alto valor é muito específico. É algo complexo, pois reconhecemos que a efetividade do alinhamento do negociador com a fonte de poder depende também do alinhamento do próprio C-Level com si mesmo e que pode haver implicações advindas de interesses de uma família controladora. O essencial é que a organização desenvolva uma cultura que não deixe dúvidas de que o negociador tem a autoridade, o *empowerment*, para tomar decisões importantes e que estas serão implantadas efetivamente.

Vimos no capítulo sobre *empowerment* que sua efetividade como líder de uma negociação estratégica depende diretamente da credibilidade que as pessoas no outro lado da mesa atribuem a seu alinhamento com a fonte de poder da organização e também que isso tem pouco a ver com o que você fala ou faz. Sendo uma negociação de alto valor, podemos supor que o outro lado está pesquisando para saber como está seu alinhamento na prática. O fato de que você tem o poder de comunicar diretamente com seu superior, o CEO ou outro membro de círculo de liderança ajuda, mas não resolve. O que eles querem saber mesmo não é apenas se você está autorizado a tomar decisões, mas se as decisões tomadas por você serão, de fato, implementadas da forma concordada e que ninguém mudará ou ignorará tais decisões depois.

Em primeira instância, eles querem saber se sua palavra vale e é definitiva. Se eles tiverem dúvidas sobre isso, afetará o modo como conduzirão a negociação. Nesse caso, eles podem tentar abrir canais de comunicação diretamente com seu superior ou alguém acima de seu chefe. Podem tentar fazer com que o nível superior, o CEO, assuma a negociação ou tentar envolver alguém da família controladora, se for o caso. Se duvidarem do seu poder de fechar acordos, tudo isso pode acontecer, o que seria no mínimo muito ruim para você. Eu sei por experiencia própria.

O problema maior é que, para os outros acreditarem no seu *empowerment* de tomar decisões, eles precisam acreditar que a cultura da organização é de tal forma que você é apoiado e que são assumidas as devidas responsabilidades pela implementação das coisas que você decidiu, independentemente de seu alinhamento com qualquer pessoa específica. Isso complica as coisas. Vimos que muitas organizações, algumas muito bem-sucedidas, são do tipo em que, no final das contas, o CEO é quem decide sobre tudo que é importante, de cima para baixo. Pode haver todo tipo de encontro para se decidirem valores, planos, prioridades etc., mas pessoas não ingênuas sabem que o resultado final será de acordo com as ideias do CEO. É o que chamamos de *Kingpen*. Sua credibilidade como líder de uma negociação estratégica nesse caso depende da visão que o outro lado tem do seu alinhamento com esse indivíduo. Se algo acontece para colocar em dúvida seu relacionamento com ela ou ele, ou se por qualquer razão o *Kingpen* de repente deixa de comandar a organização, sua credibilidade como líder da negociação deixa de existir. Por isso exploramos a alternativa do *empowerment* no nível de círculo de liderança.

Observamos que esse tipo de alinhamento de C-Level não é um empreendimento trivial, e certamente não é algo que pode ser alcançado em um fim de semana. As vantagens, no entanto, de se criar um grupo de executivos motivados por um alinhamento circular e confiança mútua na priorização do *brand* são notáveis.

Sobre como Se Preparar para Aquela Negociação

Planos não valem nada, planejamento vale tudo.

É verdade que qualquer plano é válido enquanto nada muda a partir de amanhã. Acontece que as coisas mudam, por isso nossa atenção sobre a proposta de valor tratava do processo de como se preparar para negociar, e não de como preparar algum documento chamado "o plano". Mesmo a estratégia, produto do processo de planejamento, é bem mais do que um papel. É um conjunto de ideias que são atualizadas constantemente durante toda a negociação com o outro lado. Agora, para lembrar o que aprendemos sobre a proposta de valor, começaremos com o que é importante na montagem de uma boa equipe de apoio para ajudar com todo o resto.

O time e as regras de jogo

Como vimos, um dos grandes erros de grandes executivos é supor que são grandes negociadores; e mesmo que fossem, vimos que há pelo menos duas razões para que o executivo responsável pelos resultados da negociação não assuma o papel de negociador desde o início. Uma delas é que negociar é uma atividade em tempo real. É necessário pensar rápido, falar bem e saber criar ou usar táticas apropriadas para o momento. Pode ser que haja alguém na sua equipe, talvez alguém mais jovem, que consiga fazer isso bem sem saber tudo o que você sabe sobre o negócio. A segunda razão é que, quando o negociador fala algo, está falado. Apagar, mudar, retirar o que foi falado pode custar caro para a imagem de quem falou. Quando alguém designado como negociador diz algo inconveniente, o executivo tem a opção, a qualquer hora, de "corrigir" o negociador. Como dissemos, quando o executivo fala, está falado. Portanto, como vimos, uma das prioridades ao se formar uma equipe de negociação é a escolha e preparação do *negociador designado (N)*. O ideal é que seja alguém que fale bem, pense rápido e tenha espírito esportivo. O restante ele pode aprender.

As outras três funções que identificamos como sendo importantes em uma equipe de negociação para preparar e conduzir uma negociação estratégica são as seguintes:

- **O estrategista (E).** A escolha dessa pessoa, como vimos, é particularmente importante, porque precisa ser alguém de confiança, com a qual você possa compartilhar informações sensíveis e confidenciais que nem sempre os outros precisam saber. Desde o início, essa pessoa busca informações sobre a situação das BATNAs, nossas e as do outro lado, e qualquer outra coisa que possa ajudar, até segredos de família, e ela é responsável pelo gerenciamento da estratégia antes e durante a negociação. A estratégia pode mudar a qualquer momento, mas a responsabilidade do estrategista é que ela não seja esquecida.

- **O observador (O).** Na realidade, é quase certo que haja observadores (no plural) na equipe, pois eles englobam qualquer pessoa — advogado, contador, engenheiro etc. — que precise participar da preparação e realização da negociação. Nem todos precisam estar na mesa de negociação em qualquer momento específico.

- **O tomador de decisões (D).** Você.

Como vimos, o importante ao criar e preparar uma equipe dessa forma é se assegurar de que todos compreendam, e sigam, certas regras. A primeira dessas regras é que *apenas o negociador propõe qualquer coisa*, pelo menos até o final, quando você, o tomador de decisões, assume o processo, visando a uma conclusão. Sabemos que isso precisa ser bem enfatizado, porque às vezes pode parecer que o negociador está em um caminho, mas que pode apenas ser parte de uma tática que ela ou ele está preparando para aproveitar depois. Outros podem passar bilhetes ou mensagens de WhatsApp para o negociador, mas não devem usar perguntas que possam ser interpretadas como sendo uma sugestão.

A segunda regra é nunca discordar do negociador. Ela ou ele pode ter um bom motivo para dizer o que disse. De toda forma, durante a preparação da proposta de valor, haverá oportunidades para praticar isso.

A ferramenta para se preparar e negociar estrategicamente

A famosa 5G2W é muito usada em planejamentos de qualquer coisa importante. Nós adaptamos o modelo e adicionamos 2C, o que faz muita diferença para negociações de nível estratégico. Assim, chegamos ao 5G2W2C. Apenas como lembrança, são:

- **What — O quê?** A proposta original feita por um dos lados.

- **Why — Por quê?** Os interesses que podem ser servidos com um acordo.

- **Who — Quem?** Vai muito além dos lados; são todos que podem ajudar e atrapalhar.

- **Where — Onde?** Um negociável.

- **When — Quando?** Um negociável.

- **How — Como?** Um negociável.

- **How Much — Quanto?** Um negociável, distributivo por natureza.

- **Context — Qual é o contexto?** Muito relevante para negociações de alto valor.

- **Culture — Qual é a cultura?** Para negociações internacionais e, às vezes, domésticas.

O 5W2H2C nos ajuda a não esquecer algo importante na definição de uma estratégia para ser usada na negociação em si, particularmente em relação à gestão da linha do tempo e ao plano de potenciais concessões. Lembramos que tudo que é resultado de planejamento é algo vivo, que precisa ser ajustado periodicamente com base nas novas informações durante todo a negociação em si.

Na Mesa — O que Precisamos Lembrar

Tudo o que foi tratado até o capítulo sobre a gestão de diálogo foi preparatório para este momento, para de fato sentar-se presencialmente, ou via teleconferência, e conseguir o que se quer, negociando com o outro lado, sem ceder o que não se deve. Esse é a coração do livro, portanto, vamos relembrar o essencial sobre a gestão desse diálogo.

Existe uma fase pré-negocial e quatro fases de negociação estratégica em si. A respeito do pré-negocial, como vimos, a maior parte disso exige bom senso, tendo-se em mente que se trata de "alto valor", e que também pode acontecer em um lugar onde você tem pouco controle sobre o ambiente, inclusive em outro país. Tudo começa com alguém, você ou o outro lado, fazendo a proposta de realizar algo com o outro no futuro, e provavelmente já foi assinado um NDA. Se houver outras pré-condições, estas já foram atendidas.

Uma das coisas que enfatizamos como sendo importantes no pré--negocial, sempre que possível, é um encontro informal entre os líderes da negociação antes, seja um jantar ou um café da manhã, para as partes (os Ds) poderem se conhecer pessoalmente e iniciar a construção de uma ponte de confiança e credibilidade.

Para as quatro fases de negociação, lembramos a figura que mostra o relacionamento entre cada fase e as ferramentas do modelo de Harvard, com PREPARAR sendo coberto pela *proposta de valor*.

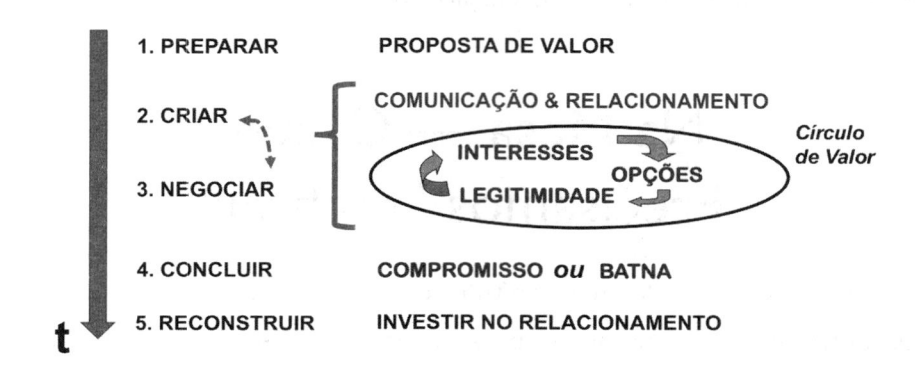

1. PREPARAR	PROPOSTA DE VALOR
2. CRIAR	COMUNICAÇÃO & RELACIONAMENTO
3. NEGOCIAR	INTERESSES / OPÇÕES / LEGITIMIDADE (Círculo de Valor)
4. CONCLUIR	COMPROMISSO *ou* BATNA
5. RECONSTRUIR	INVESTIR NO RELACIONAMENTO

Criar

A proposta de criar valor antes de negociá-lo é baseada na simples ideia de que é mais interessante dividir (negociar) doze do que dez. A ideia é tão simples que é difícil entender por que tantos executivos inteligentes investem tão pouco em criar valor em uma negociação estratégica. Reconhecemos que dá trabalho desenvolver relacionamentos e comunicação para depois explorar bem todo aquele círculo de valor, porém, a diferença no valor a ser negociado pode ser de milhões de dólares. Vale a pena.

Negociar

De novo voltamos a aplicar todas as dinâmicas de círculo de valor, agora considerando táticas e regras para otimizar o resultado para o nosso lado, sempre de forma consistente com o *compliance* dos valores de nossa organização e mantendo nossa imagem pessoal.

Lembra-se das cinco regras?

1. *Redefina o problema* para reduzir a terminologia etc., que pode provocar resistências.

2. *Ouvir mais do que falar,* pois eles só ouvirão vocês quando acreditarem que estão sendo ouvidos.

3. *Construir e proteger a credibilidade.* Cuidado com o que fala e escreve.

4. *Empatia com assertividade.* Reconheça os interesses deles enquanto enfatiza os seus.

5. *Resuma frequentemente,* minimizando, assim, a possibilidade de mal-entendidos perigosos.

Ao final desta fase, após ver todas as opções e ter uma proposta definitiva na mesa, está na hora de tomar uma decisão, de concluir.

Concluir

Dentro do possível, nesse momento você já deve ter respostas para todas as perguntas do 5W2H2C. Seu estrategista deve ter verificado a BATNA deles e a sua. Se seu *empowerment* está firme na mente do outro lado, concluir deve ser algo relativamente simples. Senão, pode haver uma série de tentativas de pressão de última hora do tipo *crunch*. Se está em seu país, pode haver algumas tentativas de usar sua agenda como forma de pressão. De toda forma, vimos que, além de fechar um acordo ou partir diplomaticamente para a BATNA, podemos:

- Propor a suspensão das negociações, esperando pela mudança de algo;

- Chamar um terceiro lado imparcial para mediar;

- Chamar os CEOs para resolver o caso (uma confissão de falta de *empowerment*).

O desafio é concluir um acordo de modo saudável, e sobre isso foi alertado o problema da cláusula padrão *escorpião*. Recomendamos fortemente o uso de cláusulas ADR, ou seja, quando surgir alguma disputa no futuro, negociar, mediar e, por último, arbitrar ou entrar no judiciário.

Reconstruir

Essa é uma fase que custa pouco e pode render muito. Acontece que a continuidade dos bons relacionamentos criados durante longas negociações pode abrir novas oportunidades, bem como solucionar problemas no futuro. Custa pouco elogiar os outros.

Foi apontada uma série de iniciativas do tipo "escrever o discurso de outro" ou "ritmo futuro", que podem ser aplicadas para assegurar um bom relacionamento no futuro.

A Saída Inteligente de uma Boa Briga

Existe um problema, não incomum, no qual o resultado de uma fase CONCLUIR é um "sem acordo", porém, o que está em jogo é alto demais para qualquer um dos lados simplesmente virar as costas e partir para sua melhor alternativa. A negociação está travada, e, como vimos em casos reais no Brasil, isso pode permanecer durante meses ou anos e custar muito caro. Acontece que, como foi dito por William Ury, é "preciso dois para brigar e um terceiro para parar a briga". Por isso este livro incluiu um capítulo sobre "o terceiro lado" e como resolver grandes diferenças durante uma negociação estratégica. Como sabemos, a efetividade dessa abordagem já foi comprovada em casos reais no Brasil.

Meios adequados par resolver diferenças

O livro é sobre como negociar estrategicamente, porém devemos reconhecer que, quando surge algum impedimento a um acordo, existe uma ampla gama de alternativas que podem ser usadas para tentar resolver o problema, particularmente quando se fala de uma negociação sobre algo de alto valor. Além do litígio ou da arbitragem, a organização pode ir atrás de apoio político, social, de *stakeholders* ou até religioso. Cada um destes, no entanto, pode implicar um custo futuro inconveniente.

A origem do terceiro lado

O livro oferece uma descrição do terceiro lado como praticado na resolução de conflitos de qualquer natureza, desde no pátio da escola até gabinete de líderes mundiais, e proporciona uma visão geral sobre como o terceiro lado é aplicável para resolver disputas de qualquer natureza, seja familiar, pessoal ou organizacional. É leitura recomendada para quem quer ter um melhor entendimento sobre o potencial do terceiro lado de resolver conflitos de qualquer natureza, incluindo disputas difíceis de negociações estratégicas.

Mediação no Brasil

Como foi visto, a mediação é bem desenvolvida no Brasil e, em termos práticos, pode ser aproveitada para tentar resolver os impedimentos de negociações estratégicas de qualquer natureza. O processo começa com as partes concordando em chamar um mediador, ou uma câmara da mediação, e aceitando a proposta, que normalmente inclui NDAs. Qualquer pessoa pode ser um mediador. No Brasil, muitos são advogados.

A partir daí, tudo depende do estilo do mediador. Pode, inclusive, ser de tipo *shuttle* (o mediador se encontra separadamente com as partes) quando o relacionamento entre as partes é particularmente difícil. Mais comum para negociações de alto valor é isso ocorrer em um lugar neutro, com o mediador ocupando um espaço entre as partes. Tipicamente, mediações nesse nível levam algumas semanas para serem concluídas, com um custo *muito* inferior ao da arbitragem ou do litígio e com uma boa probabilidade de sucesso.

No caso de mediação internacional, é aconselhável o uso de mediadores acostumados com as leis e os costumes daquele país.

Negociando com o Mundo lá Fora

Sabemos que o primeiro problema com o mundo lá fora é o fato de que, cada dia mais, ele está aqui dentro. Todo executivo de uma organização de porte suficiente para poder estar engajado em uma negociação estratégica de alto valor deve estar preparado para negociar com pessoas de outras culturas, inclusive lá no lugar delas. O que vimos no capítulo "Além das Fronteiras" foi uma série de conselhos de ordem prática para ajudar nesse sentido. Evidentemente existem milhares de culturas no planeta, portanto, os conselhos precisam ser genéricos, porém práticos e úteis.

Segurança

Esta é uma via de mão dupla, quando você recebe uma comissão estrangeira e precisa avisá-la de qualquer risco local, e quando você vai para outro país e tem responsabilidade por sua equipe em um lugar onde não conhece as ameaças locais. Em caso de dúvida, o livro aconselha a contratação de alguém qualificado para ajudar.

A língua da negociação

Sabemos que hoje em dia não há nenhuma dúvida de que o inglês é a língua global. Porém, isso não proíbe você de decorar alguma frase na língua do outro, pois um pouco de empatia com relação à cultura dele sempre ajuda. Agora, como foi enfatizado, quanto mais você e a sua equipe compreenderem e falarem o inglês, melhor, pois o uso de tradutores atrasa muito qualquer negociação. A questão, então, é qual inglês, pois o australiano é bem diferente do britânico ou do norte-americano, e mesmo em um país ou uma cidade pode haver diferenças significativas. São necessários paciência e que se resuma com frequência o que foi dito, pedindo confirmação de que foi compreendido.

A respeito de negociações na língua espanhola, lembramos que a similaridade das línguas oferece uma oportunidade para mal-entendidos, pois existem palavras iguais, mas com significados diferentes. Novamente, resuma e confirme.

Por último, aconselha-se ter alguém em sua equipe que seja fluente na língua do outro lado e que esse fato nunca seja revelado para alguém de fora de sua equipe.

Terceiros

Lembramos que pode haver terceiros, sejam *stakeholders*, imprensa etc., que podem ter interesses nos resultados e atrapalhar ou ajudar a viabilizar o objetivo da negociação. Vale a pena conversar com o outro lado sobre quem são e o que deve ser feito a esse respeito.

Tempo

Foram vistos três aspectos do tempo que podem afetar resultados. O primeiro é a diferença de "valor" com relação ao tempo em outros países. Alguém da Suíça espera que você chegue *antes* da hora marcada e pode encarar como um insulto pessoal qualquer atraso. Em outros países, um atraso de meia hora pode ser visto como sendo perfeitamente normal. O segundo aspecto é a necessidade das pessoas de se ajustar ao efeito *jet lag* quando se viaja de um fuso horário para outro. Quando atravessar múltiplas zonas de horário, evite iniciar negociações antes de dois ou três dias. E o terceiro aspecto é o uso do tempo como uma tática de negociação, por exemplo, para colocar pressão quando um lado sabe que o outro tem horário de voo marcado.

Por fim, lembramos que nosso calendário (gregoriano) não é o único na Terra, e, dependendo da cultura local, pode ser necessário ajustá-lo.

Compliance e a lei

Com todo o tsunami de *compliance* dos últimos anos, não podemos supor que o outro lado em um país distante observe a obediência de lei da mesma forma que nós. Pode ser o *compliance* com os pensamentos de um grande líder, ou eles podem simplesmente ignorar a lei quando consideram conveniente. Para alguns, o *compliance* com seu senso do que é justo pode ser mais importante do que qualquer lei, particularmente em países onde há fortes grupos religiosos.

Um Olhar para o Futuro

Somos ensinados que o líder inteligente, incluindo o líder de uma negociação importante, deve olhar para o futuro e, dentro do possível, se preparar para o que está vindo "além do horizonte". Tais mudanças e a habilidade de se adaptar para tomar vantagem das mudanças, bem como evitar ser prejudicado por elas, podem ser a diferença entre sucesso e fracasso. O Capítulo 9 foi criado para incentivar o leitor a pensar sobre tendências futuras e a necessidade de tomar as ações apropriadas. Existe uma gama infinita de tópicos que podem ser examinados nesse sentido; escolhemos quatro, sabendo que o objetivo real é apenas estimular sua curiosidade para pensar e explorar esses e outros tópicos. Sugerimos que faça isso periodicamente com sua equipe.

O negócio bilionário

Com o fim da pandemia, podemos esperar que muitos projetos de M&A, desenvolvimento de novos mercados e implantação de infraestrutura crítica que estavam congelados começarão a ser reativados. Quantos? Não sabemos, devido à questão de confidencialidade (NDA). Pelo lado do setor público, isso é mais claro. No livro, listamos quinze projetos de privatização anunciados, cada um com valores de um bilhão para cima. Para quem pretende participar desse jogo, notamos que ele exige muita preparação, redundância para cobrir todas as exigências classificadoras nos editais e ter na equipe alguém com muita experiência no setor.

Tecnologia

Como observamos, isso é um foguete. Olhar para trás, para os últimos cinco anos, nos alerta sobre a velocidade com a qual a tecnologia está avançando. O desafio é imaginar o que está vindo nos próximos anos e como isso pode impactar a forma como negociamos assuntos importantes. Não temos uma bola de cristal, mas temos imaginação e podemos especular.

Falamos sobre a imensa quantidade de informações que está disponível na nuvem digital e sobre a disposição dos donos da nuvem em vender tais informações, junto com aplicativos para aproveitar tais informações. Como foi notado, mesmo que o dono da nuvem hoje siga regras éticas, ninguém pode segurar que amanhã o dono seja o mesmo.

Em nível operacional, em uma negociação em tempo real, a leitura facial das expressões combinada com a Inteligência Artificial (IA) abre a possibilidade de sinalizar o que está por trás das palavras. "Ele está mentindo." E tudo indica que a explosão de aplicativos em nossos telefones celulares nos últimos anos continuará exigindo a exclusão desses dispositivos das salas de negociação, inclusive relógios ou outros equipamentos similares. A dúvida é se o avanço da tecnologia resultará na necessidade de incluir alguém de IA na equipe.

Compliance sustentável

Nesta análise, levantamos uma questão extremamente sensível. Durante a última década, estamos testemunhando uma forte onda de *compliance*, começando com as multinacionais no Brasil e se expandindo rapidamente para todos os lados. Empresas brasileiras de grande porte e outras entidades estão criando gerentes de *compliance*, eventos promocionais e introduzindo o conceito em todos as normas e regras das organizações. Acontece que sabemos, particularmente os mais experientes, que existe o tal "jeitinho brasileiro", e, no caso de algumas agências governamentais, a corrupção é uma realidade, em diversas formas. A questão é: até que grau, e como, o *compliance* será sustentável no futuro, considerando a realidade brasileira?

Índice

Símbolos

5W2H2C, 85, 94, 108, 111, 117, 120, 227, 229

A

abertura, 56, 96, 114, 174, 186

accountability, 70

Adizes, Ichck, 74

ADR, 39, 144, 171, 230

além das fronteiras, 115, 178, 195

alinhamento, 47, 51, 59, 60, 69, 75, 190, 218, 221

alternativas, 92, 102, 112, 139, 144

ancorar, 24, 105, 128, 219

Arábia Saudita, 65, 99

arbitragem, 145, 155, 164, 168, 176

assertivo, 10, 13, 105, 135

autocontrole, 10, 17, 217

autodisciplina, 5, 109

B

barganhar, 23

BATNA, 26, 40, 53, 101, 140, 147, 151, 175, 205, 219, 230

brainstorming, 37, 103, 123

brand, 51, 60, 76, 223

break, 6, 84, 124

BREXIT, 54, 132

Burbridge, Anna, 160

C

calendário, 189, 235

Camp, Jim, 138

Carnegie, Dale, 84

CASINO, 152

checklist, 36, 120

círculo de valor, 29, 35, 120, 124, 126, 228

cláusula padrão, 39, 143, 230

C-Level, 6, 21, 27, 40, 57, 59, 69, 73, 83, 86, 88, 95, 97, 111, 145, 153, 161, 190, 208, 221

colaborativo, 10, 105, 216

Como Chegar ao Sim, 22, 28, 119, 167

compliance, 26, 38, 51, 70, 75, 97, 101, 139, 149, 178, 189, 191, 199, 229, 235

compliance sustentável, 52, 207

compromisso, 30, 39, 56, 83, 137, 165, 175

comunicação, 12, 15, 29, 90, 111, 123, 135, 143, 147, 163, 182, 206, 222, 228

comunicação efetiva, 29, 32, 34

concessões, 55, 104, 131, 137, 147, 220, 227

concluir, 45, 49, 57, 62, 66, 105, 116, 118, 127, 138, 141, 150, 159, 218, 229

confirmar compliance, 149

conter conflitos, 158

contexto, 38, 50, 78, 81, 86, 88, 94, 178, 184, 204, 226

Coreia do Sul, 65, 210

corrupção, 191, 208, 238

Costa, Sérgio, xi

credibilidade, 31, 34, 56, 61, 66, 69, 75, 80, 83, 93, 102, 109, 125, 128, 134, 221

criar, 77, 80, 86, 101, 107

cross-cultural, 34

crunch, 55, 105, 220, 230

cultura, 51, 60, 69, 72, 87, 94, 115, 130, 145, 160, 179, 193, 221

curador, 162, 165

D

deserto do Arizona, 113

diabos falsos, 19

diálogo, 14, 31, 33, 40, 56, 77, 100, 109, 119, 125, 129, 157, 175, 216

diálogo de culpa, 14

Diniz, Abilio, 120, 140, 152, 157, 166, 172

disputa de poder, 166

E

Eisenhower, Dwight D., 77

elogio, 149

empowerment, 34, 51, 59, 60, 68, 73, 134, 141, 216, 229

empresas familiares, 64

engolir um sapo, 124

equalizador, 162

Ertel, Daniel, 28

escorpião, 39, 143, 230

estrategista, 41, 64, 79, 89, 100, 119, 127, 193, 203, 224, 229

evasivo, 9, 216

ÍNDICE

F
família controladora, 62, 221
Fisher, Roger, 22, 28
Forbes, 64
framing, 36
fronteiras, 52, 65, 178, 185, 195

H
Harvard Law School, 21
HEC, 21
Honeywell, 65, 99, 189
Hurtado, Carlos, 182

I
IA, 73, 113, 237
iceberg, 35, 168
impedimentos, 151, 158, 166, 232
imprensa, 184, 205, 234
inglês como língua global, 98, 178
interesses, 81, 89, 94, 99, 110, 120, 126, 136, 140, 147

J
joint venture, 37, 68, 124, 189

K
Kingpin, 69

L
legitimidade, 30, 38, 124, 149

Lei de Mediação, 170
Leite, Jaci, 21
limites, 24, 65, 102, 139
linha do tempo, 36, 43, 48, 53, 86, 106, 110, 116, 119, 126, 137, 216, 220, 227
linhas vermelhas, 26, 52, 101, 125, 139
LSE, 21

M
M&A, 121, 186, 198, 202, 236
May, Theresa, 55, 132
MBTI, 8
mediação, 39, 145, 153, 157, 165, 170, 232
MIT, 22
modelo de Harvard, 23, 28, 37, 41, 50, 119, 228
Montreal, 181
Morris, Philip, 185

N
na mesa, 30, 41, 50, 57, 67, 77, 85, 91, 99, 104, 109, 114, 121, 126, 138, 174, 178, 185, 190, 205, 218, 225
Naouri, Jean-Charles, 140, 152, 166, 172
NDA, 111, 205, 227, 236
negociação distributiva, 23, 117

negociação integrativa, 29

negociador, 5, 10, 17, 22, 33, 38, 60, 65, 70, 75, 79, 94, 103, 119, 125, 130, 141, 179, 181

negociar, 6, 9, 15, 22, 27, 65, 76, 92, 102, 116, 126, 127, 129, 138, 146, 179, 192, 197, 218, 226

negociáveis, 26, 91, 102, 106, 116, 122

negócio fechado, 66, 72

neurociência, 13

O

Onde?, 86, 94, 112, 142, 226

opções, 18, 30, 37, 52, 123, 128, 138, 229

O quê?, 86, 100, 121, 136, 141, 191, 226

Oxford, 65, 98, 179

P

Patton, Bruce, 22

pergunta certa, 129, 198

perguntas abertas, 34, 129, 217

poder financeiro, 154

Poder Judiciário, 155, 164, 170

Por quê?, 35, 86, 89, 100, 121, 136

pré-negocial, 227

preparar, 45, 64, 77, 85, 98, 109, 116, 127, 133, 138, 151, 175, 187, 197, 216, 218, 226, 236

primeiro lance, 25, 128

Program on Negotiations, 22, 26, 152

proposta de valor, 40, 64, 77, 78, 84, 85, 91, 94, 109, 111, 116, 121, 124, 130, 137, 139, 141, 184, 192, 202, 218, 223, 228

propostas e contrapropostas, 136

Q

Quando?, 86, 91, 106, 114, 142, 157, 226

Quanto?, 86, 94, 99, 106, 142, 226

Quebec, 181

Quem?, 86, 90, 97, 113, 142, 171, 226

R

Raiffa, Howard, 186

reconfirmar legitimidade, 149

reconstruir, 49, 116, 150, 220, 230

redefinir o problema, 131

relacionamento, 19, 24, 29, 36, 41, 45, 62, 66, 70, 90, 106, 110, 119, 127, 148, 165, 173, 182, 192

República Tártara, 161

resolver conflitos, 158, 232

resumir com frequência, 132

retirar da negociação, 146, 218

rio Amazonas, 113

S

Salacuse, Jeswald W., 178

ser atacado, 134

Setúbal, Olavo, 64

show stopper, 125

Soho, 65, 99

spyware, 112

stakeholder, 67, 115, 142, 161, 165, 171, 184, 204, 217, 231, 234

success fee, 44, 200

supercrunch, 45, 56, 220

suposições errôneas, 28, 36, 194

T

tálamo, 13

táticas, 48, 57, 80, 101, 104, 116, 128, 130, 188

táticas de negociação, 80, 117, 125, 129

táticas de poder, 52

teleconferência, 98, 109, 113, 174, 186, 227

terceiro lado, 19, 94, 140, 152, 157, 162, 168, 230

tomada de decisões, 146, 182

top down, 70, 97

Trois-Rivières, 181

tronco cerebral, 14

Tsumkwe, 159

U

Ucrânia, 159, 178

Ury, William, 16, 22, 28, 138, 149, 152, 157, 159, 166, 172, 218, 231

V

vá à sacada, 16

Villares, 64, 74

Votorantim, 64

Z

zona de tensão, 45, 55, 84

ZOPA, 24, 151, 219

Zurique, 185

ROTAPLAN
GRÁFICA E EDITORA LTDA

Rua Álvaro Seixas, 165
Engenho Novo - Rio de Janeiro
Tels.: (21) 2201-2089 / 8898
E-mail: rotaplanrio@gmail.com